紫微明鏡「內篇」《下》

更上一層樓

——十四正曜縱橫談

陳雪濤／著

紫微明鏡「內篇」《下冊》

——更上一層樓　十四正曜縱橫談

目錄

【下册】

天府十二宮宮次圖與太陽之分佈

太陰 巳	貪狼 午	天同 巨門 未	武曲 天相 申
天府 廉貞 辰	天府在辰	一	太陽 天梁 酉
卯			七殺 戌
破軍 寅	丑	紫微 子	天機 亥

廉貞 貪狼 巳	巨門 午	天相 未	天同 天梁 申
太陰 辰	天府在卯	二	武曲 七殺 酉
天府 卯			太陽 戌
寅	紫微 破軍 丑	天機 子	亥

巨門 巳	廉貞 天相 午	天梁 未	七殺 申
貪狼 辰	天府在寅	三	天同 酉
太陰 卯			武曲 戌
紫微 天府 寅	天機 丑	破軍 子	太陽 亥

天相 巳	天梁 午	廉貞 七殺 未	申
巨門 辰	天府在丑	四	酉
紫微 貪狼 卯			天同 戌
天機 太陰 寅	天府 丑	太陽 子	武曲 破軍 亥

天梁 巳	七殺 午	未	廉貞 申
紫微 天相 辰	天府在子	五	酉
巨門 天機 卯			破軍 戌
貪狼 寅	太陰 太陽 丑	武曲 天府 子	天同 亥

紫微 七殺 巳	午	未	申
天梁 天機 辰	天府在亥	六	破軍 廉貞 酉
天相 卯			戌
太陽 巨門 寅	貪狼 武曲 丑	太陰 天同 子	天府 亥

七 天府在戌

天機 巳	紫微 午	未	破軍 申
七殺 辰	天府在戌 七		酉
太陽 天梁 卯			天府 廉貞 戌
武曲 天相 寅	天同 巨門 丑	貪狼 子	太陰 亥

八 天府在酉

巳	天機 午	破軍 紫微 未	申
太陽 辰	天府在酉 八		天府 酉
武曲 七殺 卯			太陰 戌
天同 天梁 寅	天相 丑	巨門 子	廉貞 貪狼 亥

九 天府在申

太陽 巳	破軍 午	天機 未	天府 紫微 申
武曲 辰	天府在申 九		太陰 酉
天同 卯			貪狼 戌
七殺 寅	天梁 丑	廉貞 天相 子	巨門 亥

十 天府在未

破軍 武曲 巳	太陽 午	天府 未	天機 太陰 申
天同 辰	天府在未 十		貪狼 紫微 酉
卯			巨門 戌
寅	廉貞 七殺 丑	天梁 子	天相 亥

十一 天府在午

天同 巳	天府 武曲 午	太陰 太陽 未	貪狼 申
破軍 辰	天府在午 十一		天機 巨門 酉
卯			天相 紫微 戌
廉貞 寅	丑	七殺 子	天梁 亥

十二 天府在巳

天府 巳	太陰 天同 午	貪狼 武曲 未	太陽 巨門 申
辰	天府在巳 十二		天相 酉
破軍 廉貞 卯			天梁 天機 戌
寅	丑	子	七殺 紫微 亥

七、天府

星情詳義

天府屬陽土，為南斗第一星，主延壽解厄，司權之宿，又號令星，為財帛之主宰，又名祿庫，乃富貴之基。

天府為中央司庫，亦為銀庫。即今日所謂的中央銀行是也。

天府為南斗星主，故喜氣局雄厚，最宜有百官會合，以使局面恢宏，聲勢遠大。

由於是銀庫，信譽便十分重要，因此天府喜化科，尤喜庚干之化科。

與空劫同度，則成破格，主空虛不實，亦為空庫，主根基欠穩。

因此，必須咬緊牙關，在空無所有的環境下，切實向上競爭。不能只懷理想或空想。

天府具儲藏的本質，有入無出，是以有謹慎、保守之特性，也是天府成格之條件。

但由於是主星，一旦發展到衆星皆用作拱照天府的話，則變成自我中心，反成自私自利，失去厚重了。此乃因其本性有「有入無出」之特性所致。

由於天府以繼承、保守為本質。因此天府守命者，其個人的創作力也略為遜色，有匠人之意味。

天府亦具統籌領導的才華，但亦有甚大的局限，有時僅主一行一業中有領導力，難以帶動一個潮流、派系。

由於有保守、繼承的本質，此星便有缺乏雄圖偉略的色彩。**遇煞重**，更有**善謀好詐**之傾向。其人保護自己之性質，遠比紫微為重。

當會上**天姚**、**天虛**，便會成為偽君子。

更有**鈴星**、**陰煞**，則內斂、沉吟的特性加強了，更易使天府成為內詐之人。

但鈴星陰煞會對廉貞造成傷害，故此天府廉貞同度，便更具破壞性。即使流年命宮逢之，亦每多阻困、煎熬之事。

天府為星主，故甚喜「百官朝拱」。

在三方得百官的天府，便主格局魁宏，發展的根基雄厚，而且具有聲勢。

即使不見科星，亦由於得百官文彥諸星會上，已具有科名、信譽、權威、可靠的機關本色。若更有科星會上，僅為個人的知名度增色而已。

由於天府此星，有保守、謹慎的本質。因此，即使得科星會合，也主科名範圍有所規限。

許多時，其名譽地位，亦僅限於一行一業中。有百官會合，亦僅主其人出入高尚場所，或身為專業或專科人士而已。

故此，大學博士、銀行顧問、經濟研究專家……之類，便多是具有此類性質的人士了。

天府在十干四化裡，僅有化科，卻有庚干的天府化科和壬干的天府化科。

庚陽武府同，庚干的天府化科，在十二宮裡，武曲必在殺破狼星系中產生影響，出現化權會化科，即「**科權會**」。表示既掌權，亦必掌名。反之，掌名譽，亦必同時也掌其權。

壬梁紫府武，壬干的天府化科，在十二宮中，必犯「**科挑忌**」。表示一旦掌名譽，挫折必隨之而來。或有不好的名譽隨身。是以，只要壬干不出鋒頭，往往便可以減免「科挑忌」的不利情況。

亦可以說，同樣是天府化科，壬干的天府化科，必有一宮受「**科忌雙疊**」的影響，不吉。

而庚干的天府化科，三方則無天同化忌沖會。

故此，同樣是天府化科，因化忌位置的不同，在趨吉避凶的選擇，便大有差異了。這點務要留意。

天府無化祿，會上化祿，僅主增加運用財帛的能力，不表示增強財氣和謀財能力。

天府無化權，故天府守命者，亦不主掌握實權。反而，天相穩定得祿，則天府會有權力的發揮。所擁有的，是謂之「內權」。即指掌權而不顯露，亦不會突出自己。

天相破格或不穩定，則天府之印綬受損。便主奔波、勞心，亦主做事倍添挫折和麻煩。

由於天府具有保守、繼承的本質。僅利於緊守於現成的局面而漸漸有所興革。

因此，與增強發放性的星會合，都會變成局面上的顛簸和衝擊。

故此，火星、羊刃、天馬三曜，對天府的本質，較為不利。

天府的六合宮垣，必為太陽。

故此陰年生人的火鈴所落的位置，便變得特殊重要。

又太陽入廟，則會合的巨門和天梁，便得其暖和與減少是非。則受夾的天相，亦必會變成穩定。

如是，天府守命者便得到穩定的財權，發展與興革能力便可能增強。這點對格局的大小，甚有決定性。

天府，除了見祿、見百官、看太陽等以決定其星情。其實，天府亦必對拱七殺。

七殺，亦為對天府產生激發力的根源。

七殺本已具有煞星的意義，若再有天虛、陰煞，便主人生空虛，甚至破壞了天府的穩定性。

七殺宜有穩定之星曜會合，便主天府守命者，有自我增值和自我挑戰的傾向。而其人的成就與地位，亦相對地有所提升。

天府不見祿會合，爲「空庫」。與空耗之星會照，亦爲「空庫」。

其中天空的破壞性較小，地空地劫、破碎的破壞力較大。由是引申手段圓滑，內則權術。

天府若與煞忌同度，名爲「露庫」。容易以奸刁手段來進財，有虛偽、狡詐性質。

◉凡天府星系守命者，其人兄弟宮必屬「機月同梁」星系，而兄弟宮之對宮必爲天梁。

天府是謹慎、欠對外開發的星。

因此，連帶影響其人的兄弟宮，使機月同梁本具的因循、不會太大興革的性質，更加強烈。

變成兄弟朋友的轉變，不會太過變化多端，而且對自己亦無重大助力。但兄弟宮受自己的影響而受惠受益者，則較多。

必須太陽入廟吉化，才主兄弟、夥伴，對自己真誠付出。

由於自己是天府，便更加強了「有入無出」的小心眼。旁人對自己付出較多，且多為真誠，無條件者。

自己益蔭，付出的較少。最多是自己在友儕的形象較佳，自己的聲譽形象受人利用而已，而實際上並無損失。

天府的兄弟宮，共有三大星系：陽梁、同梁、機梁。

三大星系，以**陽梁**為最上格。

因為陽梁星系居兄弟宮之組合，自己命宮最容易得百官朝拱。這時，自己命運與際遇順遂了，則結識的合作夥伴，亦必同時地有所提升。因此，日後的成就，自然亦會較佳。

同梁在兄弟宮的星系，開展力不足，有偏，為最弱。

機梁在兄弟宮，因自己命宮最易得百官，故此亦易成為佳構。

因而兄弟宮之機梁，亦會變得朋友衆多，卻又有助力不足之徵應。必須兼視**太陰入廟**之穩定性，來幫助推斷兄弟宮之助力。

◉凡天府星系守命者，其人夫妻宮必屬破軍星系。凡破軍，必對拱天相。

評斷夫妻宮之星，必先視本命命宮之星情，是否穩定。

以天府守命而言，若空庫、露庫，即已屬不穩定，其夫妻宮之破軍，代表其配偶對外開闖之意慾甚強。若更有祿馬交馳，可斷其配偶心思向外。遇上不利之流年，有桃花星會合，主配偶容易失足或有外來誘惑。故此，在不利的流年流月，及時出門去外地，很多時可以使夫妻關係更為良好。此為後天的趨避之道。

天府為保守、謹慎，而破軍為開創、反叛。因此，天府守命者注定與其配偶的出身、學歷、思想、興趣、品味等，都不協調。或者二人因工作關係，平常少見面，或經常分處兩地，亦為不協調之一種。

筆者見過夫妻二人俱為醫生，本應生活穩定，感情是最少變化的。但兩人結婚後，妻子考獲特殊牌照，長駐郵輪上工作。

亦見過有男性藝員，兼模特兒，其妻亦是頂尖的模特兒。夫妻二人同一行業，卻彼此見面極少，經常各自出門工作。且兩人生活習慣、社交圈子俱不相同。

這亦是天府守命，破軍星系居夫妻宮，主夫妻生活不協調的典型例子。

若自己命宮「空庫」或「露庫」，則夫妻宮之破軍，便更有無情無義的決裂色彩。

相比之下，便顯得天府守命者頗重情義了。

若天府守命，而三方星情穩定，則夫妻宮之破軍亦相對地穩定。

其開展，往往只表彰是投入工作而已。

天府為穩重之星，為星主。

當子午二宮武府同度，必無百官朝拱，破壞了天府的穩定，卻又拖延了武曲的行動力。

導致居辰戌二宮的破軍，成為破軍星居夫妻宮的組合中，最不穩定的一個。

武府午宮守命的人，三婚，甚至是在差不多六十歲高齡，夫妻還是離婚而去。這樣的命例，筆者遇上五個個案，結果都不甚如意。

前人論斗數，因對星系理解不足，故此凡見天府守命，便論其人不會離婚，且必定藕斷絲連。

其實，以破軍居夫妻宮而言，除非星情穩定、見祿、祿夾，否則，一概不吉。連帶其命宮之穩定性，亦受影響也。

舉此一例，可知推論夫妻宮時，實須兼看命宮星情之特質，來幫助推算也。

◉凡天府星系守命者，其人子女宮必爲「機月同梁」星系，對拱的必爲巨門。

「機月同梁」有因循、照本子辦事，「不求有功，但求無過」的吏人本色，是以，以天府星系守命的人而言，其子女亦必無重大興革和改變，創造性也比較弱。

由此性質引申，可斷天府星系守命者的下屬、門生子弟，亦只是能夠繼承事業，甚少有重大突破和創造。

個人面目、個人風格，亦必難以建立出來。

這也許是久經天府因循、拘謹的處事方式訓練下，所調教出來的「子女宮」，亦同樣有因循守舊的色彩。開展力有所不足是也。

由於會上巨門，有暗之色彩。

因此，兼看太陽之入廟程度，便可推斷其子女的表現力和積極性。

倘太陽乏力或失利，便主子女或下屬，多暗中進行敗壞門風之事的傾向。

「機月同梁」為循環系統和依循一定法規之性質，居其人之子女宮，亦反映出其人之性慾有按本子辦事、交行貨之性質。有乏味、單調的傾向。

故由夫妻宮之破軍星系，兼察子女宮之性能力表現，或多或少可以綜合評斷其人夫妻間缺少了些甚麼，從而給予問命者一個正確的指引，未嘗不可挽救一段婚姻呢。

因此，命宮、夫妻宮、子女宮同參，亦可對夫妻宮的推斷，有更深刻之理解，從而推斷出更有效用的趨吉避凶之法。

⊙凡天府星系守命者，其人財帛宮必爲紫貪、廉貪及武貪星系。與貪狼一曜，必有關連。

因安星之規律，在財帛宮之對宮必屬貪狼。

天府為堅牢、保守之星。

其財帛宮之**紫貪**，具有享樂性質，有可以滿足慾樂所需就可以，不會再有更大之野心去拼搏的傾向。

若為**廉貪**星系，則其人又會傾向精神享受。財帛之多寡，亦以滿足理想和享受擁有慾為主。

其人格局卻又受制於子午卯酉之天府命宮，永無百官，因而局面亦不能太大。

若為武貪，卻又主行動、進取以求財。是以財氣之厚薄，便要看武貪之實力與行動是否積極、智慧而決定。

天府三大星系居財帛宮，都不主富厚，僅主可以有足夠的享受和可以隨心所欲去消費。故此，亦可稱為安定和理想之組合。

天府之財帛宮，必會貪狼。

若貪狼見文昌文曲，而又逢煞逢忌，便有粉身碎骨、政事顛倒之應。並非任何星都喜見文昌文曲的，讀者宜注意之。如此組合，即主其人會傾向賣弄取巧之法，而最終自嘗挫折。此點一定要留意。

⊙凡天府星系守命者，其人疾厄宮必為「機月同梁」星系，且必對拱太陰。

可以說，其人受太陰星的影響，也甚多。

「機月同梁」居疾厄宮，甚少跌蹼、骨傷，多為神經系統、內分泌、消化系統方面的毛病。

除非其人命宮三方遇羊刃、刑煞忌等諸煞，才會遇上金屬創傷。

受對拱太陰對沖的影響，倘如太陰失地，便主其人內分泌不足、情緒不甚穩定、子女緣份較弱等。

凡天府坐命宮，其疾厄宮的星系，不外三種，即為**天機太陰**、**太陽太陰**及**天同太陰**。

這三種星系，是**循環系統**性質，淋巴腺、白血球分泌等，都屬此類星曜的反映。故此，須防不尋常的病變。

尤須注意原局、大運或流年，有機會遇上癌病之星，而又刑煞交併的話，須防病變。

且其病又會有糾纏、內斂，難以根治之徵，必有極深的後遺症。

⊙凡天府星系守命者，其人遷移宮必爲七殺星系。

由於天府是繼承、保守之星。故此若僅是三方會祿、化祿，亦只是主其人有運用財帛之能，仍不主開展和創造財富與事業。

要評斷其人是否進取，可以在穩定的局面中，有理智的改革，便要由七殺星系中評斷。

亦可以說，由七殺之星情，便可以推算出天府守命的成就和天府的穩定性。

七殺必主一次，或以上的打擊和挫折。

當七殺會合的刑煞甚重，對宮的天府星系亦會變得人緣冷漠和人生寂寞、空虛。遇挫折時，冷落和挫敗感便增強。

即使交友宮、兄弟宮有吉化，亦主寡合。惟天府不必與人合作，只要自身格局穩定，便主人生安定。

若七殺會合之星曜穩定，則天府主受環境壓逼，而不得不去開創。

一般而言，凡**天府星系守命，通常都不喜出門或在外地工作、移民。**

但如果天府是「空庫」或「露庫」，而七殺在遷移宮，則反而適合遷移往外地發展。

若遷移宮的七殺星系會祿權之星，便主天府守命者之管理能力甚強、別具新興創見，可以有突破性的表現。

惟亦必須遷移往他方發展，才吉。否則，株守在血地，其人便會經常受外界的壓逼，以致身心不安閒了。

⊙凡天府星系守命者，其人交友宮必爲天梁星系。

天梁為監察之星，即代表經常受朋友監察、監管。故此，引申即為所結交者，多敢直斥自己錯失的諍友。

天梁帶有孤剋性質，故此，凡天府守命，皆主其人朋友之間常生是非糾紛，且互相猜疑猜忌。

終致其人經常與朋友們多生不必要的誤會與妒忌。亦即是不會有長期、悠久的助力，交友亦不會廣泛了。

除非會合輔佐吉星，尤其是**左輔右弼**，才主得忠直正義感強的好友。

會天馬，主友人具浪蕩性質，彼此不同心，不合作。

會煞，更主多生不必要的是非。由於交友宮之星系是「機月同梁」，故此，其是非困擾亦必由小事引起，最後各抱「官方立場」，互有信念，而致各走極端，落得反目成仇。

天梁在交友宮之組合，只有三種：**陽梁**、**同梁和機梁**。

陽梁星系如得太陽入廟會合，主其人所結識的人多屬非富則貴，引申至天府守命者，其人的地位和身份，亦非泛泛。

若太陽失地，主受人詬病、拖累。

同梁，為互相依靠之星，反映天府守命者的人格局最弱，所交者來來去去，都只是某一範圍之人，甚難有重大突破。

機梁的組合，主變化，故主其人交友必多，但見解分歧，容易遇上背信棄義者。

◎凡天府星系守命者，其人事業宮必爲天相星系。

天相為「印綬」，代表銀行的信用狀和印符，即古人的印信。

十干四化裡，天相祿權科忌都不參與，亦正因如是，天相本身已備「祿權科忌」的本質，遇祿成祿、遇權成權、遇科化科，遇忌化忌！

評價天相甚難，因天相是一個櫃箱，看您遇上甚麼，就變成甚麼的櫃箱。

一般而言，在事業宮是有代理、委託、服務的性質。故宜任職受人代理、發言、服務、委託的工作。

天相有**被動**、**被安排**的特性。故此，其人便有為人服務、為人支配的性質。因而，不利太出鋒頭，以幕後控制和減少露面為宜。

天相有「刑忌夾」與「財蔭夾」之分。

「**刑忌夾**」，代表經常有打壓和被人針對、限制，工作便諸多阻滯。

「**財蔭夾**」，代表發展穩定，亦主人生較為順遂。

由於天相間接控制了天府，故此天相星便有掌權性質。即使不會權星，其掌權性質不改。更會權星，可斷其人有點霸道。

但仍不宜過份弄權，否則事業必生挫敗。

天相必對破軍。

故此若破軍開創叛逆性強，則反映天相居事業宮便有波折重重和受人攻擊性質。

若破軍穩定，則天相才得權力穩定，發展才會順遂。否則，亦只是為人辛苦，為人作嫁衣裳而已。

⊙凡天府星系守命者，其人田宅宮必為巨門星系。

巨門為暗曜，主幽潛。

若會照的太陽失地，便主其人家宅冷退，卻又嘈雜紛亂，是非極多。

若太陽入廟，便主其人喜住高樓高地，卻又不喜開燈、開窗。

無論入廟與否，家中渠道、去水的地方，必須特別小心，容易阻塞。會祿存、陀羅、化忌，尤的。

巨門為惡曜，居田宅宮亦主家宅不寧，或家居陰暗，或與人爭奪水利。此乃古義，宜留意此性質在現今社會之徵應演變。

且巨門對風水甚敏感，通常出現問題之處為干犯五黃，故選地安居者，宜倍加注意之。

遇煞遇忌，及太陽失地，巨門居田宅宮者，須防買下或租住敗壞風氣之宅，亦必為風水不利。

流年大運逢之，須防公司有醜聞，甚至有倒閉、鬧鬼的事。

暗曜再有鈴星蜚廉，須防有白蟻，或蟲蟻特別多。

遇天刑、羊刃、大耗，防有盜賊入屋之事。

以**天機巨門星系，居田宅宮時，爲最劣**。主常謀食兩地。亦主花費不必要的裝修在田宅後，便又要搬離上址。

亦主其人不容易擁有自己的物業。

◉凡天府星系守命者，其人福德宮必爲貪狼星系。

貪狼為物慾性之星，具酒色財氣的性質。居福德宮時，未可貿然視之為桃花。即使是紫貪亦然，僅主醉心或投入於一種嗜好而已。

會華蓋、空曜，可能沉迷於宗教、哲學。

會文曜，才主雙重性格，喜賣弄小手段和小聰小慧。

只有成「風流綵杖」或「泛水桃花」，而命宮之天府又有惡曜坐守，才主耽於酒色或性格放縱放任。

會火星或鈴星，不會惡曜，則為最大之火貪鈴貪格。常主不自覺的中大獎，或無心插柳下，得到巨大的額外收穫。

會羊陀，則生涯跌宕，是非困擾甚多。

貪狼有好動本質，與天府謹慎之命運，略有矛盾，造成內心常多紛悶和不甘平淡。

故參考命宮本質，便可更深入掌握其人性格與思維方式。

亦由福德宮，可推知其人命運之大勢。

◉凡天府星系守命者，其人父母宮必爲太陰星系。

凡太陰居六親宮垣，若入廟，皆不主刑剋。若落陷，始主不利女親。

若僅會火鈴，便主生離。

若火鈴刑忌，便是有切膚之痛的死別了。

會合羊陀，則為緣份淺薄，兩代的代溝不容易調和。是以因財失義，人離財散。

一般凡太陰羊陀，不論在任何宮垣，都具有這種緣份淡薄、容易因財失義的傾向。亦為互相對立、成見甚深之徵。

天府為自守、有入無出之人。而太陰又有內藏、內斂的特質。故此，若太陰失地，則代表其人的父母或長輩自私自利。

其天府便更顯孤立無援了。

凡太陰居父母宮，皆不利母親。

若天梁之刑剋性重，便直接硬剋其母，可能主病，甚或死亡。

若天梁溫和或太陰入廟有力，反不利男親。此又不可不知也。

小結

綜觀天府一曜，其基本意義為銀庫，象徵本身是財物、銀行。故此宜見祿，以突顯財富積厚。喜疊祿，以達到「以財求財」，引申為有財譽，受人尊重。

天府為主星，故喜得百官朝拱。

此星有謹慎、保守、有入無出的特質。且貪婪的謹慎乃蠅頭小利，即小心眼，故此必須兼視天相印綬之性質，以推知其運用財權之能力如何，從而得知其人之格局。

亦要由太陽的入廟程序，以推知遇天相之刑孤性質如何。

遇空劫，則破壞了財庫的安定，人生便有波動變化，其人亦會傾向於淺薄，而非忠厚。

由旁宮星情，亦一一反映到天府此星的本質，此乃運用了星系組合之「星曜互察」之理而已。

一個斗數盤，每宮的星曜，互有關連，彼此即使不在三方四正相會，但卻互有牽合。

如兄弟宮亦會影響事業宮，夫妻宮亦能影響疾厄宮。

習慣了命宮、事業宮與遷移宮、財帛宮等三方會照式的思維方式，有時亦是推斷上的障礙。

反而，理解由十干四化祿權科忌的發動，**細察化祿的三方匯成的力量、觀化忌及其三方會合而成的情況**，互相參詳，得出來的答案，才是較真實的推算結果。

而且，亦是十二宮的星系組合，與邏輯運用的結果。

今後研究斗數，應打破十二宮的範疇，從十一宮去兼取本宮更深入、更微細的意義，這將更真實地反映出一個人的命運，且更具立體的意義。

太陰十二宮宮次圖與武曲分佈

太陰 巳	貪狼 午	天同 巨門 未	武曲 天相 申
天府 廉貞 辰	一	太陰在巳	太陽 天梁 酉
卯			七殺 戌
破軍 寅	丑	紫微 子	天機 亥

廉貞 貪狼 巳	巨門 午	天相 未	天同 天梁 申
太陰 辰	二	太陰在辰	武曲 七殺 酉
天府 卯			太陽 戌
寅	紫微 破軍 丑	天機 子	亥

巨門 巳	廉貞 天相 午	天梁 未	七殺 申
貪狼 辰	三	太陰在卯	天同 酉
太陰 卯			武曲 戌
紫微 天府 寅	天機 丑	破軍 子	太陽 亥

天相 巳	天梁 午	廉貞 七殺 未	申
巨門 辰	四	太陰在寅	酉
紫微 貪狼 卯			天同 戌
天機 太陰 寅	天府 丑	太陽 子	武曲 破軍 亥

天梁 巳	七殺 午	未	廉貞 申
紫微 天相 辰	五	太陰在丑	酉
天機 巨門 卯			破軍 戌
貪狼 寅	太陰 太陽 丑	武曲 天府 子	天同 亥

紫微 七殺 巳	午	未	申
天梁 天機 辰	六	太陰在子	破軍 廉貞 酉
天相 卯			戌
太陽 巨門 寅	貪狼 武曲 丑	太陰 天同 子	天府 亥

七 太陰在亥

天機 巳	紫微 午	未	破軍 申
七殺 辰	太陰在亥 七		酉
太陽 天梁 卯			天府 廉貞 戌
武曲 天相 寅	天同 巨門 丑	貪狼 子	太陰 亥

八 太陰在戌

巳	天機 午	破軍 紫微 未	申
太陽 辰	太陰在戌 八		天府 酉
武曲 七殺 卯			太陰 戌
天同 天梁 寅	天相 丑	巨門 子	廉貞 貪狼 亥

九 太陰在酉

太陽 巳	破軍 午	天機 未	天府 紫微 申
武曲 辰	太陰在酉 九		太陰 酉
天同 卯			貪狼 戌
七殺 寅	天梁 丑	廉貞 天相 子	巨門 亥

十 太陰在申

破軍 武曲 巳	太陽 午	天府 未	天機 太陰 申
天同 辰	太陰在申 十		貪狼 紫微 酉
卯			巨門 戌
寅	廉貞 七殺 丑	天梁 子	天相 亥

十一 太陰在未

天同 巳	天府 武曲 午	太陰 太陽 未	貪狼 申
破軍 辰	太陰在未 十一		天機 巨門 酉
卯			天相 紫微 戌
廉貞 寅	丑	七殺 子	天梁 亥

十二 太陰在午

天府 巳	太陰 天同 午	貪狼 武曲 未	太陽 巨門 申
辰	太陰在午 十二		天相 酉
破軍 廉貞 卯			天梁 天機 戌
寅	丑	子	七殺 紫微 亥

八、太陰

星情詳義

太陰為中天星主，喻為月亮，將太陽之光吸納，再反射出來。因此，太陰守命者喻為有創造性。

即主收藏，然後靜靜地顯露出來，並且有個人的面目。

太陰善於採納，經過醞釀、消化，再不經意地發放光芒。因此，別具創造性，具有才華、天份的本質。

由於太陰為星主，故喜得百官，以顯格局宏大。

太陰為財星，不須會祿存或化祿，仍有財祿的性質。

因此，反而**喜見科文諸曜**，以增加其人生財的能力。

假如太陰見祿會祿，不見文星，則會令其人與金錢緊密地拉上關係，如在銀行界、財經界，或財祿性質的行業發展。

其人未必具有生財之才華或其他方面的才華發揮，僅限於一行一業內，可以有穩定的發揮。

如太陰會文星，不見財星，反主其人之才華是多方面的，當行經不同的大運，便有不同的轉變和開展。

往往是三數年不見其人，他又會在不同的範圍內，另有不俗的才華顯露。而且，每一項才華顯露，都是可以藉此生財的。此即是太陰之財氣所示。

因此，會合文星，便反映其人在專長上的發揮，對其格局大小，有很大的決定力。

不見文星來助長其人根苗，則終究只是平常命格，縱然太陰入廟，也平凡。此點務要注意。

太陰之本質，不像太陽般要求入廟。太陽要化洩巨門暗，及減免天梁孤，是以要求入廟的程度，遠比太陰為高。

太陰落陷，其星曜主財的意義，仍然存在。

若太陰落陷，得財的手法，會較不擇手段。

只要會文曜，其人仍可以有多方面的才華或才能，可作為掩飾其人得財而成巨富之手法不純。

在現今社會而言，較重視功利，會傾向於「有計謀」、「奇兵突出」，為現代成功人士之典範。

這些，在古人來說，便有失厚道了。

如太陰入廟，見昌曲，則必為大器。可在有為之時機，有極巨大的建樹，而其人的成就，卻有著潛移默化、不知不覺地去吸引別人注目和關注。猶如在月圓之夜，充滿詩情畫意的情境中，任何人都得抬頭去欣賞皓月，而皓月卻高高的掛懸在天上，在所有人的頭上，卻毫不覺得炫目、耀眼和凌人。

因此，太陰入廟，卻不見昌曲，則好比在晚上雖然天氣清朗，卻無獨特景緻去突顯月亮的美姿。

即使月亮皓潔如昔，卻較少知音賞識。

即使入廟，也只是虛浮。

是以，太陰必須見科文諸曜，然後才可以突顯太陰之才華與財力。

這是評斷太陰與太陽之獨特不同之處，亦是過往的斗數家尚未發掘得到的秘密之一。

凡文星，皆有修飾性，因此太陰會文曜，其人便會在多方面發展，且做事有不露聲色的變化性質。

如再在三方會煞會忌，則破壞了昌曲之文教本質，其人便會傾向以虛偽手法行事，卻總有漂亮之藉口去掩飾自己的惡行。

尤以太陰文曜在福德宮遇煞忌，為的。此點，太陰在落陷時，尤甚。

「**太陰羊陀，必主人離財散**」，這是指命宮之徵應。

在福德宮，「太陰羊陀」是主情緒失控，既影響了男女感情，也因此影響事業上的回報。

太陰主藏、主收斂，因此不畏陀羅與鈴星同度。但加會羊刃，則為破格，變成不安穩，難以久享其成，因此稱為「人離財散」。應變之道，須在人財尚未離散前，主動地去作改變和離散。惟如是，才能有機會去持盈保泰。

太陰在斗數中為女親之星。

不論男女，凡太陰守命，必主刑剋女親。

若失地、煞重，為硬剋致死之徵。宜及早分開獨立居住，以減刑剋。

女命太陰入廟，遇煞，則為「**軟剋**」，主不利女親，如生母為偏妾，或妻女為二婚之命格而已。

太陰會合昌曲，不會改變太陰刑剋女親之意義，此點務要留意！

又，據雪濤過往的徵應——

凡男命太陰守命者，其父母宮為父親之反映，其疾厄宮為母親之反映。凡女命太陰守命者，其父母宮為母親之反映，其疾厄宮則為父親之反映。

這個徵應，可作參考。

前人論太陰在亥宮，為「月朗天門」，為太陰之組合中最佳之格局，不畏化忌。——此說必須予以澄清的是，此乃指原局，是本質不畏化忌。

但若在大運、流年，則必畏忌也。此又不可不知。

在大運或流年遇太陰化忌，亦必同時遇「天機化祿」沖疊，此乃有利益發動，亦必同時有不利財祿之象。故稱為「**引誘性的計劃失**

誤」，必敗無疑。

且太陰一曜，控制整個「機月同梁」的穩定性，故此由太陰發動而來的損耗，必然曠廢時日才可以慢慢彌補。

倘如是，此運犯太陰化忌，則其後遺症，必帶領下一大運的首五年會有所拖累。太陰在越入廟的宮位，影響也越深遠。

太陰在亥宮不畏化忌，僅指原局而言，並非指大運或流年。

還有一點，太陰落陷，不見文星，卻會有祿權科星吉化，則吉反變爲凶。

因太陰為才華、計謀。落陷，則為才略、陰謀，容易暗地裡謀私，此不可不知。

是則，祿、權、科，並非絕對主吉，僅為利益、威權、聲名之代表。

若本質欠佳，則帶來之祿權科之本質，亦一樣欠佳是也。

唯有遷移往外地，才可減免不利之事。

落陷，而有祿權科會文星，則易成為奸狡之人，宜再在其福德宮細加審詳。切勿過早下判斷也。

⊙凡太陰星系守命者，其人兄弟宮必屬天府星系。

太陰為財星，卻有天府為有聚斂的兄弟宮，相比之下，太陰是發射得多了。

天府的聚財，猶如銅牆鐵壁，有入無出。

太陰的財力，猶如月華如洗，無孔不入。

因此，天府只是繼承。而太陰卻是謀財而不為人所知。是以，太陰為才華之星，即寓其人得財自有方法，別具天份。

相對地，太陰必須見文星，其人的才華才得到更大的發揮。

見祿星，則必令兄弟宮無祿，變成兄弟無財，有動蕩不穩之田宅、交友和兄弟運了，故不喜太陰自己命宮有祿。

太陰為內才，兄弟為謹慎和欠對外開發，因此太陰星系守命，便甚易有小圈子活動之特質。此點，在定盤時，可作參考。

太陰為主星，天府亦為主星，兩星皆有獨特的領導才華和表現。

因此，逢太陰星系守命者，其人多與好友容易有不同見解，彼此處事方式不同，卻同樣各自有特色。

亦基於這個原因，逢太陰星系守命，便甚易受同行、好友視為攻擊、競爭目標。

如太陰乘旺，其秀發之境，僅堪欣賞。

如太陰失地，則受人點評，而自己亦毫不突出了。

因此視太陰之本質，亦可窺探到兄弟宮之秘密。

此即雪濤深居雪地數年，努力探討出來之星系星情的理解，用作貫穿紫微斗數中的星系學理與推斷，甚為重要也。

由是可知太陽一曜，影響天相之安定，因而太陽乘旺，則府相亦告穩定。

套用於太陰星系守命而言，即表彰同儕友好的格局頗大，由是而知太陰守命者的成就，亦會相對地增強許多了。此即物以類聚之推理而已。

◉凡太陰星系守命者，其人夫妻宮必屬「機月同梁」星系，對拱必為

「天梁」。

太陰星系守命者，其人的夫妻宮必具天梁之監察、監管和挑剔的意味。

整個「機月同梁」星系，以日、月為中心。如同整個「殺破狼」星系，以紫、府為中心。

每星系之傾向開創、保守、精神抑或物質等，俱以此四大星主決定。

太陰宜入廟，宜三方有科文曜諸星會入。

其夫妻宮，必同為「機月同梁」星系。但只有陽梁星系以太陽為星主，其餘之組合，便是機梁、同梁之星系。相比較於命宮，便主配偶不以自已為中心，易生外鶩之念矣。

陽梁居夫妻宮，主別離，主配偶與自己各有各的精神、思想及生活。即使生活在一起，作息的時間亦會有所不同。

視太陰入廟與否，便知其夫妻宮之尅應如何。

因為這是太陰星系之命，其夫妻宮之星情，亦由本身太陰星系星情而出之故。

一般而言，凡「機月同梁」星系居夫妻宮，都嫌配偶不夠激發向上。特別是結婚後，其人的配偶多數會變得因循、內斂。

如太陰星系失地，便主其配偶有自私自利性質。

其人不容易有重大自主力，即使太陰主謀、主智，如不遇上科星文曜以作表揚，亦只是落泊的窮書生。

縱使仍可以憑自身才華謀衣食，卻因失地而不令人欣賞。因而夫妻之感情，便有不同程度之怨言了。

同梁，爲苦戀，主配偶有不滿足，不能全然得到滿足之應。

機梁，爲變化，主配偶婚前婚後的態度、觀感，有截然不同。

陽梁，爲別離，主配偶在思想、興趣、行為上的追求，跟婚前不同。

這三種星系，是太陰星系的夫妻宮之徵應，卻因會入天梁，無論星系組合如何，俱主配偶對自己的監管甚嚴。

不論男女，皆主配偶律己甚嚴。

⦿凡太陰星系守命者，其人子女宮必屬破軍星系。

破軍主開創，有去舊革新的意味。

以太陰守命者而言，在古人眼光來說，便不適合擁有藏書樓。

因其人子女宮是破軍星系，其子女便不會保留其人的遺產。必會毫無情義地去舊革新，全部變賣。即使其子不會，其孫亦必會如是。

子女宮的涵義，是指子女、徒弟，亦包括子女的子女及徒弟的徒弟是也。

破軍，為軍中大將，主開創，為破敵之先鋒大將，故其破舊立新的開展，必屬聲勢浩大的。

因此，凡太陰星系守命者，不宜保留太多舊物，並希望舊物可以一代傳一代，這在其子女宮之破軍而言，是不可能的奢望了。

因此，太陰星系之才，只宜傾向於才華的展露，盡力去發掘出新的潮流和重大的事業。卻不必寄望自己的後人會謹遵祖訓，一成不變。

相對而言，其後人必在自己的基礎下，做更廣大的突破和開拓，變得更寬闊和多樣化，卻已非原來面目。

然而太陰之開創，尤如八月十五的月色，永遠教人懷念和欣賞。

再其次，太陰星系守命者，宜開學院、學校。因子女宮破軍主開創，主出大批具有自己面目的人才，且氣勢勝己。

惟太陰失地，其子女宮之破軍星系，便主無情無義之子女；煞重，必為忤逆之子孫。變成子女、下屬跟自己競爭，此乃命中不幸矣。

◉凡太陰星系守命者，其人財帛宮必爲「機月同梁」格，財帛宮必對拱著巨門。

「機月同梁」有因循、不變、欠積極之意味，故太陰星系守命者的進財之手法確別具才華，但財氣便欠缺積極向上了。

命宮為命運之描述，財帛宮為財運之狀況、進財形式、財氣厚薄，及財源性質之反映。

以命宮之本質，再察看其人之財氣，才是觀察財帛宮之方法，也是打破十二宮的界限，來分析一個斗數盤之秘法。

太陰，主積累、沉聚、靜中帶動之性質。其人財帛宮必會巨門，主其人之進財形式、財氣狀況及財氣的處理觀念等，都帶暗藏、暗蔽的色彩，富有神秘感。也主其人在進財時，必屬勞心多於勞力。如太陰失地，即為黑月，或白天之月亮，潛藏力不足，變成可有可無或月華微薄，縱使有百官，亦不會有甚麼襯托作用。

此時，其財帛宮之暗星，便會有暗中取財的性質，偏向於真實才華不足，不夠沉厚實力去謀取正財。
反而，有可能走向以不正手法去謀取財益。再會煞忌，則會手段卑鄙，故古人認為太陰失地遇煞，反成十惡。再有吉化，亦凶。此說，可推知其人之財源狀況。
亦由此，反證出太陰入廟，太陽亦入廟。
太陽入廟，則影響天梁與巨門，間接又會穩定天府和天相，因而整個斗數盤，便會呈現安定。於大運、流年之推斷，尤須注意之。
倘如不論其人處事手法、謀財之有道無道，如僅以財運而論，則入廟反不如失地。
失地必財來自多端，而入廟則因循規矩，有婦人之仁的性質。
故前人認為太陰入廟的男性，有點娘娘腔，亦頗合理。

◉凡太陰星系守命者，其人疾厄宮必為殺破狼星系，對拱的必為貪狼。

曾經有一段時間，雪濤研究過疾厄宮的尅應，發覺逢太陰星系守命者，都有一個共通的現象——就是一旦肚子餓，就會四肢軟弱、全身乏力，這點徵應頗為有趣。

後來跟一些醫生朋友談到這個現象，推測出這是「血糖偏低」的徵象。覺得這個徵應很有意思。

殺破狼的變動甚為急快，因此一旦肚餓或晚了吃飯，其人便會手足無力，即由容光煥發變為疲憊不堪，此即殺破狼之急劇轉變呢。

逢太陰守命，手足易招跌撲受傷，甚至多招血光意外。

古人認為逢太陰守命者，其田宅宮的天相對破軍，是一組怕煞之無情組合，因此其人易受田宅風水不吉所累，而致多招血光之災。

實際上，乃是疾厄宮之殺破狼主劇變的星系，一旦煞忌沖疊，便有急劇變劣之應，故主易生血光之災。

此外，因殺破狼是急劇變化之星，以太陰星系而言，其人容貌、體能、體力的前後變化，會較為急劇。甚至肚餓、肚飽，吃多少會肚餓、肚飽，有時亦不一致，變化頗大。尤以太陰命宮遇煞，尤甚。

有一點，很特別的——

逢太陰有百官朝拱，則其人的體質、體能、外貌、輪廓等變化，會較明顯而強烈，且具體化。

而落陷的太陰星系，反而不會怎樣的變化。這在推斷太陰星系時，不可不知也。

◉凡太陰星系守命者，其人遷移宮亦必屬「機月同梁」星系，三方必會巨門。

《紫微斗數全書》或《全集》均說：「若太陰居陷地，則為落弱之名。若上弦下弦（即近月圓）尚可，否則為下。宜遷移以避之。」

這個說法，錯。

太陰星系守命，不論是否在月圓之時出生，對實際推斷並無影響。古人之「**月圓生人，太陰爲強宮」之說，經多年實徵，發覺毫無意義**。

落陷，則宜遷移，亦非全對。

古人認為本宮失地，即太陰必在「寅、卯、辰、巳、午、未」等六宮坐守，以太陰本命之本質，走往遷移之「申、酉、戌、亥、子、丑」宮垣，則為太陰進入入廟乘旺的環境。

但仍須視遷移宮之本質、四化、三方、雙夾、流曜等組合，才可判決是否適宜往外地發展。不可貿然見本宮之太陰星系落陷守命，便著其人往外遷移是也。

如本宮失地，則遷移宮必在太陰乘旺之宮垣，若剛巧又是吉化會合，當然宜乎遷移外地。

亦可以說，任何星曜守命，本宮煞忌疊至，而遷移宮會吉，則其人宜出外遷移以作趨吉改命。

更有一錯誤見解，指太陽喜行「寅、卯、辰、巳、午、未」，太陰喜行「申、酉、戌、亥、子、丑」等宮位，並又視之為重大秘訣。不顧四化、流曜的尅應，顯然是粗率的推論。

反而，完全不理太陽或太陰行經甚麼宮垣，專視十干四化與流曜，所得的推斷，往往更為準確。

要注意的是，若遷移宮無主星，太陰星系守命者，如同陰、陰陽、機陰在本宮坐守，則往空宮遷移的話，其人便有三年或五年，會過著空虛不實，無意義的浪蕩，不知人生確切目標等的生活了。

紫微斗數所講的星曜皆為虛星，因此應以星系的結構，來研究其中互為表裡的影響。不應動輒將星曜勉強跟天上星宿的廟旺利陷作掛鉤。否則，斗數即非虛星學說矣。

◉凡太陰星系守命者，其交友宮必爲七殺星系。

七殺，有獨行獨斷、喜怒不一，遇煞則助長其威，有「孤辰」之意味。

以太陰星系而言，不大熟悉太陰星的人，便會有對其人攻擊、鬥爭、不屈服的性質。

太陰為才藝之星，且性格、行事往往沈潛低調，不夠光明正大或大方正直。實際上其人是光明正大，但行事怪譎、詭秘，有神祕不可測之感，因此容易招來誤解、誤會。

是以，不熟悉太陰星系的才華，與其人之行事手法者，便會產生許多誤解與鬥爭。

且亦因其人有才華，才高招妒，亦是七殺居交友宮之特徵。

七殺有挫折意義，居交友宮則有挫折。

以太陰星系守命而會吉入廟之本質來說，其人是遭朋友出賣、背棄之應。交友宮火鈴沖破，尤的。

如太陰**失地會煞**，其七殺居交友宮的意義，便大有不同。多主太陰星系守命者之行為不純不正，而招致群起攻擊、指責。

視七殺居交友宮之剋應如何，須由其人本命命宮本質出發去評斷。

雪濤在撰寫**《夫妻宮秘傳真訣》**時，已明確點出此心法，望讀者細加揣摩之。

◉凡太陰星系守命者，其人事業宮必屬天梁星系。

天梁居事業宮，有受人監察的意義。代表逢太陰星系守命，其人所做的行為、工作上的成果，都受外人監察、留意、點評。

是以，越入廟，越不知不覺地引人注意和點評。這是太陰星系守命，其事業宮之必然現象，亦即間接有是非隨身之應。

古人認為此人宜以風憲、公職榮身，可將點評移作對政府的批評與指責，減少自身受人窺視、留意之弊。

天梁為寒冷、監察之星，居其人之事業宮，便主無人願意接手幫助，亦無法承受旁人監督、監視之壓力。

因此，太陰星系守命者，宜明白自己生來便一定招人話詬與監察點評，是以必須做到比任何人都要更高的水平，要設法令其他人只可仰視，永遠高攀不上。

如是，才可以將旁人的點評，變成無關宏旨和不可動搖的議論。流傳下來的，乃是盡受世人欣賞的成果。

⊙凡太陰星系守命者，其人田宅宮必爲天相星系，對拱破軍。

天相居田宅宮，揆「印綬」之本意，「是可以運用財權，但此項金錢不屬自己的」。

雪濤據此基本星情引申而知，凡天相居田宅宮，即使是有居住、佔用、行使該地方，但該環境、該地方並不屬於自己的。

因而從太陰星系守命者的田宅宮性質便可以推斷為「租來的田宅」。

甚至，因災禍而得到政府撥地興建的臨時房屋、徙置區等，均屬之。

天相怕煞，因對拱破軍，主無情義的決裂或翻天覆地般的巨變。

故以太陰星系守命而言，如田宅宮遇煞，便是家宅巨變，家族中牽連之事。於古代，甚至可以是受人株連、滅族之徵應。

故此，推斷太陰星系守命者，星曜越入廟乘旺，所影響的旁人，便越廣泛。

反之，失地的太陰星系，凝聚力較弱，影響的人和事，相對來說較輕。

如太陰星系守命，入廟吉化，稍遇煞，亦只是烏雲掩月，其朗月光華必會透出月暈，漸而高掛夜空，映照大地。世人不由不受其影響，不得不仰視，不得不受其吸引而不自覺了。

觀察天相居田宅宮，還要留意夾宮、鄰宮之影響。以太陰星系而言，便是福德宮與事業宮之星曜。因此，評斷太陰星系，其人田宅宮之星系宜見祿，以保安定、穩固也。

◉凡太陰星系守命者，其人福德宮必為巨門星系，三方必借會太陽。巨門之暗，與太陽之光，不言而喻。

唯巨門此星，有傾向暗中行事之特質，即使太陰入廟，亦不改此基本性質。

巨門若與煞忌同躔，則太陰星系守命者，在精神和內心上，便得不到閒適。不是經常煩惱上心頭，便是經常多思多慮，得不到精神上的富足安寧。古人認為是勞心之命，易有怔忡、精神衰弱之應。

如巨門與鈴星陰煞同躔，便主其人憤世嫉俗，內心偏激、沉吟福不榮。加會太陽失地，做事手法，便偏向陰邪而狠辣了。

惟太陽吉化、入廟，其巨門居福德宮始為遭受磨練。如會煞，便主激發與歷練。

如太陽吉化入廟，巨門不會煞，反主器少易盈，意志力卑薄、不足。

評斷太陰星系時，由於其人自有潛藏、內斂的本質，故在推斷其內心世界時，便須要從巨門，更參太陽之性質，才可推斷得較為切合和準確。

◉凡太陰星系守命者，其人父母宮必為貪狼星系。

貪狼是酒色財氣之星，引申為必醉心某一嗜好。故此，凡太陰星系守命，其人父母必有些嗜好或興趣的追求。

貪狼之星系，有**武貪**、**廉貪**、**紫貪**三種，每個星系之星情，各有面目，以**紫貪**的自我中心最強，對太陰星系守命者之傷害、刑剋最大。

如癸干貪狼化忌在父母宮，太陰化科在自身命宮，即為才高招妒，遭長輩打壓、奪愛之徵，必須在流年流月，加以趨避。

貪狼星系帶柔媚，太陰星系帶內斂，兩者即為斗數中之互相比較，互有猜測、猜忌之組合。

是以，容易變成太陰與貪狼互相比試、互出計謀去考驗對方。

貪狼在殺破狼星系中，有「棉裏針」之稱，而太陰則可以是「陰謀」，但太陰之行動，永遠不如貪狼般果敢明快，太陰總帶感性，相比之下，必為其父母宮之貪狼星系所敗。

故太陰星系守命者宜沉潛內蘊，切戒太過顯露才華，以免招長上輩妒忌，而招來不測。於古代可能會牽連族中子弟甚多，宜處事低調是也。

小結

逢太陰星系守命者之所以成功，完全築基於累積功果——即不斷地生產、製造、工作，去使人潛移默化，不知不覺地去接受、欣賞。

即使化科，會文星，亦要保持沉潛和適當的低調。如是，太陰星系的凝聚力，才能充分發揮，個人的成就才得以更持久。

太陰是中天的星主，必須在三方會合百官，才得以格局魁宏。否則，即使太陰入廟，亦嫌失色。此為評審太陰星的重點。

必須保持深沉、靜謐、內藏之光華潛蘊，不斷的工作，卻又保持不露聲色，惟如是，其人的成就才得以更成功。

越入廟的太陰，其一舉一動，必引人注意。其交友宮之七殺星系，每每令自己成為遭人指責、點評的目標，必須自我增值，要比任何人更高、更強、更不敗，才能永遠保持成功。此為太陰星系守命的通則，務要注意之。

逢太陰星系守命，其人子女宮必為破軍星系，已有惡奴欺主，教出叛逆不義之徒的性質。

此星又直沖入田宅宮之天相，主家族田宅盡受牽連，在古代必須慎防株連九族。在今日，亦主惡下屬侵吞自己的公司、田產等。

必須田宅、子女宮會祿、化祿，使性質吉化，則子女及門下所出，能有獨樹一格之成果，並因此間接令自己受益受蔭。

倘田宅與子女宮不見祿，反見煞忌，則必為叛逆之應，宜謹慎處理下屬與子弟之調教。

如以交友宮之七殺星系來視太陰星系守命者，七殺為肅殺、探子之星，具獨行獨斷之性質，以太陰星系守命者而言，便是孤芳自賞，與人不洽之徵應。不論入廟抑落陷，此意義依然存在。

貪狼十二宮宮次圖

一　貪狼在午

太陰 巳	貪狼 午	天同 巨門 未	武曲 天相 申
天府 廉貞 辰	一 貪狼在午		太陽 天梁 酉
卯			七殺 戌
破軍 寅	丑	紫微 子	天機 亥

二　貪狼在巳

廉貞 貪狼 巳	巨門 午	天相 未	天同 天梁 申
太陰 辰	二 貪狼在巳		武曲 七殺 酉
天府 卯			太陽 戌
寅	紫微 破軍 丑	天機 子	亥

三　貪狼在辰

巨門 巳	廉貞 天相 午	天梁 未	七殺 申
貪狼 辰	三 貪狼在辰		天同 酉
太陰 卯			武曲 戌
紫微 天府 寅	天機 丑	破軍 子	太陽 亥

四　貪狼在卯

天相 巳	天梁 午	廉貞 七殺 未	申
巨門 辰	四 貪狼在卯		酉
紫微 貪狼 卯			天同 戌
天機 太陰 寅	天府 丑	太陽 子	武曲 破軍 亥

五　貪狼在寅

天梁 巳	七殺 午	未	廉貞 申
紫微 天相 辰	五 貪狼在寅		酉
天機 巨門 卯			破軍 戌
貪狼 寅	太陰 太陽 丑	武曲 天府 子	天同 亥

六　貪狼在丑

紫微 七殺 巳	午	未	申
天梁 天機 辰	六 貪狼在丑		破軍 廉貞 酉
天相 卯			戌
太陽 巨門 寅	貪狼 武曲 丑	太陰 天同 子	天府 亥

天機 巳	紫微 午	未	破軍 申
七殺 辰	七	貪狼在子	酉
太陽 天梁 卯			天府 廉貞 戌
武曲 天相 寅	天同 巨門 丑	貪狼 子	太陰 亥

巳	天機 午	破軍 紫微 未	申
太陽 辰	八	貪狼在亥	天府 酉
武曲 七殺 卯			太陰 戌
天同 天梁 寅	天相 丑	巨門 子	廉貞 貪狼 亥

太陽 巳	破軍 午	天機 未	天府 紫微 申
武曲 辰	九	貪狼在戌	太陰 酉
天同 卯			貪狼 戌
七殺 寅	天梁 丑	廉貞 天相 子	巨門 亥

破軍 武曲 巳	太陽 午	天府 未	天機 太陰 申
天同 辰	十	貪狼在酉	貪狼 紫微 酉
卯			巨門 戌
寅	廉貞 七殺 丑	天梁 子	天相 亥

天同 巳	天府 武曲 午	太陰 太陽 未	貪狼 申
破軍 辰	十一	貪狼在申	天機 巨門 酉
卯			天相 紫微 戌
廉貞 寅	丑	七殺 子	天梁 亥

天府 巳	太陰 天同 午	貪狼 武曲 未	太陽 巨門 申
辰	十二	貪狼在未	天相 酉
破軍 廉貞 卯			天梁 天機 戌
寅	丑	子	七殺 紫微 亥

九、貪狼

星情詳義

貪狼，是斗數中的桃花星。必須會合桃花諸星而又無制，才主是有慾念的桃花。

於子午卯酉，為四敗之地，又為桃花地，主敗。亦即必屬紫貪之星系。是否主敗或主桃花呢？亦未必如是也。

貪狼為陽水，帶木氣，故書中多稱之「為水木，為北斗第一星，**化氣爲桃花，主禍福之機**」。何以貪狼主禍福？

視此星系守命的福德宮，便知道答案……

凡貪狼星系守命，其福德宮一定是天相星系，天相爲印綬，無獨特的面目，遇禍爲禍，遇福爲福是也。

故凡貪狼星系守命者，其人命運是禍是福，須由其人之福德宮推知，而不由其人命宮。

殺破狼星系主開創，均具有陽剛和激烈的性質，其中貪狼一星是最柔和的星曜。

廉貞和貪狼是斗數中的對星，一廉一貪，性質接近而氣質互異。二星同為桃花，卻仍有分別。

由於貪狼，跟殺破狼的關係較密切，因此性質便較陽剛和明快。而廉貞卻與府相較密切，故廉貞顯示出來的性質，便會柔和許多，且會天相，因此帶手段性質。

貪狼與廉貞兩星表示出來的星情不同，全繫於「安星規律」不同所致。

貪狼的桃花，是縱情享樂性的酒色財氣，因此，若要去享樂，就會完全投入、完全徹底。

而廉貞一曜，則帶有政治手段的陪玩作樂，做任何事都不會完全投入，永遠保持一份清醒。

貪狼的福德宮影響其人甚大。故此，貪狼守命者，因會殺破二曜之故，其人遭遇便有剛猛、劇烈的起落變化。

但由於福德宮的天相，有愛惡難定、隨波逐流性質，故此其人陰中帶強，處於被動，卻事事強硬不屈。

貪狼一曜，具粉飾性質。再會昌曲，便會帶弄巧和欺騙的粉飾。

故此古人認為「貪狼昌曲同度，必主多虛而少實」，又說：「昌曲貪狼,粉身碎骨。」——這些格言式的論斷,固然有點武斷,但某程度上,可以看得出此立論觀點,是由於貪狼傾向物慾,且做事可能會傾向敢作敢為。再會上昌曲,情形便有妄為、冒險,猶如玩火一樣,終會因賣弄聰明而致自作自受。

故此,天相是一個空白的盛器,視貪狼星系守命者的所作所為,而有甚麼結果。此乃「身為命牽」的組合,較不容易靠自己去掌握命運。往往有身不由己、不能自主地受左右牽制的性質。

前人論貪狼星系,要兼視其身宮,看看是否屬七殺、破軍會煞,認為會好賭貪色。實際上,這樣說並不準確。且身宮的真正用途,並非如此。

又說貪狼有桃花性,會天刑可解其桃花,亦謬。因為主淫邪桃花的天姚，必同時在三方會照天刑。

關於天刑天姚二星的性質，可閱「由安星規律看天姚天刑」一文。

因此，只要掌握好安星訣，這些似是而非的創作論點，便無法成立了。

咸池、沐浴，有加強桃花性質。

長生，有變化桃花成為多方面的轉向。

死、墓、絕、胎、養，桃花星會上，桃花亦要失色。研究這樣的組合，更準哩。

貪狼一曜，福德宮的性格如何，是此命格的最大關鍵宮位。不可忽視。

倘如會上**空曜**，其人做事便更投入、大膽、有突破。更有**華蓋**會入，其人多有宗教思想，或擁有哲學才華，特別鍾情於神祕事物。

於古代，便是燒汞煉丹之類的修持。在今日而言，則可能傾向修習瑜珈、體操或氣功之類。

火貪、**鈴貪**同度，主暴發。

在大運、流年遇之，在福德宮，尤主大發。在古代，唯有經商貿易，始有大發。

在今日而言，則可以是買中巨額彩票，或得到意想不到的殊遇好處了。

◉凡貪狼星系守命者，其人兄弟宮便必爲太陰星系，爲「機月同梁」星系。

貪狼為活躍之星，有主動爭取，柔中帶剛，具主動中帶被動的矛盾進取手段表徵。

相比較兄弟宮，便顯示出其人較為成熟、穩固、略帶輕浮。反之，兄弟宮便較沉著、內斂和不動聲色。

太陰主藏，而貪狼則有活躍性質，因此，凡貪狼星系守命，其人若與人合夥經商，便要有心理準備。

其人較向外活躍周旋，相較之下，其合作夥伴會較為內斂、保守和私心較重。

太陰為主星，有自然的吸引力、凝聚力。

貪狼為殺破狼星系，為大將要員，故此，甚易變成受制於兄弟或夥伴，卻偏偏自己是活躍好強之人，往往合作中，要拆夥結束的，是由貪狼主動表明態度的。

凡貪狼星系守命，往往有為人服務，受好友所影響、支配、左右，而致日久冷退生厭。此即是貪狼之主動聲色，與太陰沉潛內斂，兄弟不投，互有猜疑猜忌，必致不能長期合作之故。

貪狼不喜昌曲，主其人浮滑。

如紫貪星系，則昌曲必成紫微的百官，卻促成貪狼為浮滑，反會變成喜歡聽信讒言的昏君，雖有小聰小慧，卻嫌根基不固。表面上聲勢顯赫，實際上空虛不實，內涵不足。

貪狼不喜昌曲，但太陰卻喜見科文諸曜，以發揮得財致富的天份。

明白各主星之星曜喜忌，則更能理解貪狼與太陰二曜的兼看之法了。

⊙凡貪狼星系守命者，其人夫妻宮必爲天府星系。

天府為財庫，必會照天相，是以天府星系居夫妻宮，便會有由舊相識慢慢發展，由同學好友漸漸變為情人，甚至夫婦。這亦由命宮的貪狼主漸變，夫妻宮天府主保守和謹慎有關。

由於貪狼有強烈的不純，柔中帶剛，故此其人在外流連，可以縱情聲色，但一回到家，面對配偶便會變得拘謹。

故此，一般而言，凡貪狼星系守命，只有夫妻宮的天府得祿及不見空劫，才能主感情穩定。

如貪狼星系守命，其人的夫妻宮必為天府星系。只要不見祿，即主夫妻同床異夢，有名無實。

最怕空劫或火、鈴沖入其人的夫妻宮，必主不甘食貧而分離。即使是女命，這樣的組合仍可能會主動去勾三搭四，毫無廉恥之心。

倘如命宮更有昌曲會上，必為弄巧、偽善之人。

由於貪狼是開創和活躍之星，相比較之下，其人夫妻宮是穩固不變的庫藏。因此，便會嫌夫妻感情冷淡、平凡，不夠刺激。

倘更有桃花會及，或在大運，或在流年，都容易有感情泛濫的情形。

由於貪狼具有粉飾性質，而夫妻宮為天府星系。故此，一旦出現婚外情，其人必然有一段時期一腳踏兩船，牽牽拖拖好一段日子後，才會結束舊的感情，再去延續新的感情。

這樣的過渡變化，也是「舊變新」、慢慢過渡的轉變性質。

◉凡貪狼星系守命者，其人子女宮必爲「機月同梁」星系，亦必對拱天梁。

貪狼為活躍之星，具多才多藝的本質，相比較其人的子女宮，便較為因循，不夠大膽，不夠進取。

天梁為孤剋之星，乃冷漠、挑剔、重原則、猜忌心甚重之星。而貪狼卻是略帶輕鬆、玩世不恭、柔中帶剛的性格，不會對自己一言一句都認真看待。

故其人子女、下屬、學生等均會監察其人失言失實之處，是故形成代溝、不協調的情況甚為嚴重。

因此，適宜讓子女獨立生活，自立為早。

由於貪狼守命者與子女宮之天梁有刑剋性質，故此，亦須留意在煞忌沖入福德宮時，容易出現小產流產之類的事。

貪狼守命者的子女宮為「機月同梁」星系，有因循、守法性質，有利古代藏書家興創「藏書樓」，可使自己半生在外搜求的珍稀古籍，得以遺愛人間。

倘有天巫或祿存會入，尤確。

現代社會而言，多主自己的行為，強烈地影響自己的子女。可考慮與創家族生意，甚容易一代一代地傳承下去。

亦可以說，貪狼星系守命者多年對外奔波，亦必會為自己的子孫作安樂計。這個徵應，甚具準繩！

倘如貪狼星系守命，其人無子女，其人下半生便會變得孤獨，且有隨波逐流，不知何去何從之感。

⊙凡貪狼星系守命者，其人財帛宮必為破軍星系，必對天相。

命宮是貪狼星系，代表其人有目的、手段性地去粉飾人生。

而天相在福德宮，卻是隨遇而安，不想主動去改變。

偏偏主激烈改革、破舊立新的破軍守於財帛宮，其人財祿必是大量金額的進入，亦大量金錢的支出，財帛進出的變動甚巨。

且往往是由福德宮的天相，不知不覺地策動的。

天相的影響力量甚大。此星不是領導，卻是行使領導的力量。不是主動開創，卻是支配主動開創的根源。

譬如說，某人喜歡買華衣穿，即使要搭飛機往外國去購買，亦寧願平日慳吝節儉，也要滿足心頭好。

因此，其人財帛宮的破軍，便是勞民傷財地去滿足一己的慾望。

破軍，為主動破舊立新的星，表示其人對金錢的運用，毫不吝嗇。

在自己認為合理的情況下，可以一擲萬金，且面不改容。此乃貪狼柔中帶剛的豪氣。不論男女，皆有此特性是也。

◉凡貪狼星系守命者，其人疾厄宮必爲「機月同梁」星系，必對拱巨門。

故凡貪狼星系守命，其人之疾患，蓋因疾厄宮星情一片陰柔，多具險損性質。

即不會立即爆發顯露，反而會積蘊於腑內，抑鬱不適一段時期，再慢慢顯露出來。

這點，跟貪狼星情的粉飾性很相類。亦是巨門暗曜，在疾厄宮，有潛藏潛伏性攸關。

古人多以貪狼星系守命者，其人身有暗疾為定論。倘命宮三方見祿、見陰柔之星，尤的。

巨門為管道，於人而言，即為排洩孔道或生殖器官。倘貪狼星系守命，再有桃花星會入，當留意其人容易染上性病。

巨門為管道，食道亦為管道之一，故有時亦可能是食道方面的疾病。

「機月同梁」的疾病，多為小病、小痲煩。但卻極容易反覆病變，時好時歹，造成精神上的困擾和精神不寧方面的毛病。

必須整個星系交參推斷，才可以準確地知道病灶如何。

⊙凡貪狼星系守命者，其人遷移宮必亦屬殺破狼星系，但必同時會天府天相。

可以說，遷移宮的府相，必比原局命宮的宮垣較為穩固。會破壞府相穩定性的星，是空、劫、火、鈴。這四星對貪狼星曜的本質，破壞性不大。

但對府相二曜，空劫、火鈴的破壞性甚大。會變成波動、跌宕。

倘如遷移宮三方有祿，則府相架構呈一片安定，其人便甚適宜往外地移民安居和發展。

倘如遷移宮的三方不見祿，則府相架構有形而不實，表面風光內裡虛，其人便會在外地蹉跎終老，一事無成。

遷移宮亦是外界人如何評價本命的宮垣，倘如遷移宮組合安定，即表示外界視自己的態度、看法穩定不變。

倘如遷移宮動蕩，即知自己的生活動蕩，外人對自己的妻財聲望有波動、改變，即表示自己人生動蕩了。

評價貪狼星系守命者，不可忽略其人的遷移宮三方的星情組合呢。

◉凡貪狼星系守命者，其人交友宮必為「機月同梁」星系，必對拱太陰。

太陰為內斂、內藏之星。

相對來說，貪狼是縱情聲色、俠氣縱橫的人。貪狼星系守命者，其交友宮之星系，有來來去去不出此範圍的特質。僅表示朋友繁多，卻平庸不突出。

太陰主內斂，即表示其友人遇事退縮，不敢挺身而出。

且貪狼為柔中帶剛，做事可以甚為明快、決絕。但交友宮的結構，卻有拘謹和不夠爽快之缺點。

可以說在一群朋友中，貪狼星系守命者往往是最縱情、狂豪的一人，相較之下，他的朋友便是較為拘謹、不夠盡情的一群了。

⊙凡貪狼星系守命者，其人事業宮必爲七殺星系。

七殺為軍中探子，有孤身一人深入敵陣的性質。故主在工作上是無其他人可以一起合作或協調的。

亦是其人有利於一人一個崗位工作的性質。

若勉強要貪狼星系去與別人長期合作，必會發覺友人與自己合作不配合。結果要自己去切實工作，不可假手於人。

七殺為管理、監管之星，居事業宮，便是有利於行政、策劃。

但七殺為肅殺之星，且必主一次或以上之打擊、挫折。

因此，貪狼星系守命者，不宜長期的股票買賣。反而短期的炒買，或無心插柳的買賣，可以更有收穫。

由於七殺有「局部修飾」的意味，當七殺居事業宮，便是多勞心勞力，經常要自己去切實執行，認真投入去工作，旁人亦難以插手幫忙。

倘有煞忌會入其事業宮七殺星曜中，貪狼星系守命者的執意便甚重，在工作時不容旁人置喙。

⊙凡貪狼星系守命者，其人田宅宮必爲天梁星系。天梁為蔭星，為繼承、為護蔭。因此，其人適宜居住舊宅，或由舊宅改裝成新屋，或多用昔日的傢俱為宜。

否則，必致家中事多駁雜，要棄舊添新，卻又是新舊交集，不夠一致。

天梁又為監察之星，故此貪狼星系守命，其人田宅宮之天梁，便具有刑剋意味。

多主其人間會縱情聲色，間又會因閉自己在家中。

這樣矛盾的星情，完全是基於天梁主內，監管；而貪狼主外，聲色之故。

兩者有矛盾，卻又帶陰柔的牽制，因此當貪狼洗盡鉛華之後，便真的可以浪子回頭，十分安心地退隱。而且其人會變得深居寡出。

此即是貪狼之柔中帶剛，一旦投入去退隱深居，便真的可以在家中安靜生活。

因此，有些人半生才藝聲色縱橫，卻一朝看破放下，遁入空門，從此紅魚青磬，了此一生，便屬此類。

◉凡貪狼星系守命者，其人福德宮必爲天相星系。

天相是斗數中，最難捉摸之星。

此星居福德宮，最大的特質是：身不由己。

天相最大的力量，不在行使，而是支配。往往命運剛健的人，卻最受天相所操控。

如紫殺守命，其人對外人可以疾言厲色，但當面對配偶，即成為溫柔婉約，十分遷就配偶。

因此，當貪狼守命時，縱使命宮不見桃花，但在天相宮垣有桃花，其人便甚重桃花，甚至連相貌也充滿桃花。

天相是一個空白的箱櫃，視三方會合的星曜和鄰宮星曜的影響，而決定此星的星情性質。

此宮垣，足以影響貪狼星系一生之命運，不容忽視。

天相最怕空劫，主浪蕩性大，不利。但當天空同度，其人卻又可以發展到充滿哲思，胸懷磊落。

即使會合桃花，亦轉化成藝術的追求。箇中之分辨，僅在天空一曜的會合而已。

◉凡貪狼星系守命者，其人父母宮必爲巨門星系。

巨門於六親宮垣，俱為惡曜。

巨門為暗曜，此星有遮蔽別人光芒性質，因此當巨門居父母宮，其人為貪狼星系守命，便主童年時父母對自己的才華不理解，不懂得栽培，或錯用心機去栽培，以致造成父母與子女參商，感情不洽。

倘太陽乘旺，巨門之暗，即為其父母不懂內斂，會直指其子女的錯失之處，以致子女無地自容，於是容易產生兩代的誤會。

倘太陽失地，巨門之暗，卻又會傾向為刑剋，感情有阻。

即使十干四化的化祿，僅主父母為金錢利益奔馳，不主父母與子女感情融洽。

只有父母宮的巨門，同時會上左輔右弼，情況才可以得到改變。

巨門遇煞忌，不利的情況會加劇。

巨門居父母宮，亦主不利克紹祖上父母的家業，此點尤須注意。

倘會空劫，主父母或祖上家業，有莫名其妙的轉變。

會天月，則不一定主與醫藥有關，有時僅主有「忘恩負義或離祖出走」之徵。

雪濤在星加坡、馬來西亞等地為人論命時，均曾遇到這類徵應，讀者宜加以注意焉。

貪狼爲漸變之星，故此巨門居父母宮，其父母、長上輩的關係轉劣，皆由漸變冷淡，再漸變至惡劣，決不會是突然轉劣的。

除非其人命宮成「火貪格」，或巨門與羊刃同度，則轉變才急速。

凡癸干之貪狼化忌，其父母之巨門亦必同時化權，此為受長上輩扼殺、支制、操控之徵。

必須棄去個人尊嚴、誠心悔過或真誠地與長上輩交往，不可有太大野心和貪念，便能使貪狼化忌主行為卑下有轉寰餘地。

善於利用十干四化祿權科忌的各種性質，包括利用化忌來趨避，才是真正的斗數活斷法，冀讀者加以留意之。

小結

貪狼是斗數中的桃花星。

此星有柔中帶剛的特色，雖然同樣變化和進取激烈、明快，卻表露成柔和的氣質。因此，一旦在三方會合昌曲，反易成為狡詐、不夠忠誠。

貪狼與十二長生關係甚大，決定其桃花性，可從中參詳。

又，十干四化，為星氣之轉變，其力更甚於十二長生，必須注意十干四化乃整個星系的互相牽制變化。而十二長生，並無星系組合之力也。

論斷貪狼一曜，其福德宮之天相，乃最關鍵之處，不可忽略。在

原局、大運、流年，俱要命宮、福德宮同參。此為秘密口訣之一。

巨門十二宮宮次圖

太陰 巳	貪狼 午	天同 巨門 未	武曲 天相 申
天府 廉貞 辰	一	巨門在未	太陽 天梁 酉
卯			七殺 戌
破軍 寅	丑	紫微 子	天機 亥

廉貞 貪狼 巳	巨門 午	天相 未	天同 天梁 申
太陰 辰	二	巨門在午	武曲 七殺 酉
天府 卯			太陽 戌
寅	紫微 破軍 丑	天機 子	亥

巨門 巳	廉貞 天相 午	天梁 未	七殺 申
貪狼 辰	三	巨門在巳	天同 酉
太陰 卯			武曲 戌
紫微 天府 寅	天機 丑	破軍 子	太陽 亥

天相 巳	天梁 午	廉貞 七殺 未	申
巨門 辰	四	巨門在辰	酉
紫微 貪狼 卯			天同 戌
天機 太陰 寅	天府 丑	太陽 子	武曲 破軍 亥

天梁 巳	七殺 午	未	廉貞 申
紫微 天相 辰	五	巨門在卯	酉
天機 巨門 卯			破軍 戌
貪狼 寅	太陰 太陽 丑	武曲 天府 子	天同 亥

紫微 七殺 巳	午	未	申
天梁 天機 辰	六	巨門在寅	破軍 廉貞 酉
天相 卯			戌
太陽 巨門 寅	貪狼 武曲 丑	太陰 天同 子	天府 亥

天機 巳	紫微 午	未	破軍 申
七殺 辰	七 巨門在丑		酉
太陽 天梁 卯			天府 廉貞 戌
武曲 天相 寅	天同 巨門 丑	貪狼 子	太陰 亥

巳	天機 午	破軍 紫微 未	申
太陽 辰	八 巨門在子		天府 酉
武曲 七殺 卯			太陰 戌
天同 天梁 寅	天相 丑	巨門 子	廉貞 貪狼 亥

太陽 巳	破軍 午	天機 未	天府 紫微 申
武曲 辰	九 巨門在亥		太陰 酉
天同 卯			貪狼 戌
七殺 寅	天梁 丑	廉貞 天相 子	巨門 亥

破軍 武曲 巳	太陽 午	天府 未	天機 太陰 申
天同 辰	十 巨門在戌		貪狼 紫微 酉
卯			巨門 戌
寅	廉貞 七殺 丑	天梁 子	天相 亥

天同 巳	天府 武曲 午	太陰 太陽 未	貪狼 申
破軍 辰	十一 巨門在酉		天機 巨門 酉
卯			天相 紫微 戌
廉貞 寅	丑	七殺 子	天梁 亥

天府 巳	太陰 天同 午	貪狼 武曲 未	太陽 巨門 申
辰	十二 巨門在申		天相 酉
破軍 廉貞 卯			天梁 天機 戌
寅	丑	子	七殺 紫微 亥

十、巨門

星情詳義

巨門為北斗第二星，屬陰土，帶陰金性質。

巨門為斗數中的暗曜，但非此星本身無光。巨門之暗，乃是此星去遮蔽別人的光芒。

因此此星之招來是非，很多時是自己妄動生災，自吃其苦果，有咎由自取的性質。

《紫微斗數全書》說：「其性則面是背非，六親寡合；交人初善終惡。」故有「孤獨之數，剋剝之神」的意義。當指人緣欠佳之故也。

巨門守命，其人福德宮必為天梁。**天梁主刑剋自己，喜挑剔他人、監察別人過失，卻不會反省自己的瑕咎**。因此多生是非麻煩。巨門之所以多生是非，即**專看別人陰暗的一面，疑是生非**，自然多所疑猜，紛擾甚多，人際關係欠佳。

明此，即知巨門何以必多生是非和暗滯之所由。這也是說明斗數中，星系組合的重要。

也可以說，不深入理解斗數中的星系組合性質，必不可能真的掌握紫微斗數推斷法則。

福德宮反映一個人的**思想、精神面貌、內心世界**等等的宮垣。亦含有**個人的知名度、受人尊重程度、榮譽感**等等涵義。

倘福德宮尖刻、涼薄，其人必不會有好的運勢。

所以在評價巨門的命局時，必須觀察其人福德宮的天梁星系會合的星曜，是加強是非性，抑或變成公平正直的風憲性質，還是另有轉化。

在紫微斗數中，任何星曜都是中性的，絕不會一面偏向好，亦不會一定偏向不祥。

巨門此星為暗蔽，即喜切實工作，不宜張揚，有節烈的情操，具孤忌性質，即表示巨門一曜不輕易隨波逐流或盲從附會。

寧與天下人不同，亦會堅持其所疑所忌，有時亦是忠臣烈士節義情高的表現哩！

十干四化裡，巨門有化祿、化權，和化忌，但不化科。此中另有深義。

巨門已擅長蔽障別人，即不化作科星，亦已具突出自己的性質。從來口舌招尤，結果終必招來是非，故此巨門表現出來的鋒頭，實不必再有化科了。

巨門化祿，主口甜舌滑，說話帶令人喜悅、和好、修好的意義。主說話動聽，故宜以口舌生財。

逢巨門化祿，必會合太陽化權，主發射和實質的施予，有表演和表現自己的性質。

由於是化祿，性質以利益為主，因此又轉化為圓滑，化解了巨門的陰暗是非性質。

巨門化權，必形成太陰化科來相夾貪狼化忌。這是**權科夾忌**的組合，寓意在盛名權極之時，遭逢利益衝突而生奪名奪權之事。

貪狼化忌之宮垣，在大運、流年，即為出現問題的宮垣。

巨門化權，代表權威。

所謂權威，絕非滔滔不絕的能言善辯，而是說出一兩句短促而不可動搖、具有說服力、不可抗拒的命令式說話。

有時，**巨門化權遇煞**，其人只會說一、兩個字來表達自己的意思。

旁人不去猜度其人心中意思，反而更會查究清楚巨門化權遇煞者，究竟想表達些甚麼。

因此，巨門化權遇煞重者，竟為說話含糊、言語表達欠佳的人。

巨門化忌，必為「祿權科忌」齊疊，即整個「機月同梁」星系充滿衝突矛盾，反而殺破狼星系卻充滿一片穩定。

雪濤特以此干化研究，卻發現**逢丁干宜取急攻、異路功名**。不可**作悠久計**。

只要短打急攻，無論任何性質，都較有利，讀者不妨細加留意焉。

巨門的遮蔽性質，視星系組合之不同而有別。

主要的性質類別有三種——

「**太陽巨門**」，在「寅申巳亥」宮的組合，太陽主散，巨門的暗得以紓解，卻仍有時散、時暗蔽的色彩，表徵有兩極致——

逢太陽入廟，均主堅毅，卻嫌瑣碎和過於辛勞。

逢太陽落陷，均主虎尾春冰，魄力不足。

「**天機巨門**」，在「子午卯酉」宮的組合，天機主變動，巨門為暗蔽，暗中施權變，便必破蕩、不穩定。越聰明，越多生困擾。會使巨門變得浮滑，增加其疑忌色彩。

「天同巨門」，在「辰戌丑未」宮的組合，天同為情緒，巨門為陰暗，主苦衷、難言之隱，亦為喜鬧情緒、婦人之仁，或溺於感情困擾、欠缺陽剛氣之組合。見昌曲，越不懂反省自我，越有迷糊、不清醒和意氣用事的性質。

巨門一曜，主暗，不喜火星、擎羊來暴露此星之陰蔽性，主缺點暴露於人前。

遇陀羅、鈴星，僅主阻撓重重，必須堅毅地去克服困擾，然後始主興隆。

會太陽入廟為吉，太陽失地則困擾較持久，不易解決麻煩事。

⦿凡巨門星系守命者，其人兄弟宮必爲貪狼星系坐守。

貪狼是殺破狼星系中，柔中帶剛的星曜，即使身處激烈變化中，仍帶有手段和粉飾性。倘如星曜性質不良，其人便會成為虛情假義。而三方會合的星曜性質好者，亦主矯揉造作，或暗有異心。

巨門為暗曜，即使多逢陽剛之星，仍帶有疑忌色彩。而兄弟宮之貪狼，為酒肉、為桃花，故主所交者多為娛樂、酒肉、見利忘義之人。甚少真心益蔭自己的好友。

火貪、鈴貪主突然受好友益蔭，但彼此關係必不能持久。

倘遇煞忌，必受人拖累，且往往是利益衝突所致。

故巨門交人始善終惡，亦跟兄弟宮是貪狼坐守，主酒肉之交有關。

而貪狼是棉裡針，具粉飾性，主結交者居心叵測，是以巨門容易遭人中傷和出賣。

當巨門暗星遇上柔糜的貪狼，便傾向邪僻的處事，有點膽大妄為的意味。尤其是巨門行貪狼運時，尤的。

⊙凡巨門星系守命者，其人夫妻宮必為太陰星系坐守。

巨門為暗蔽他人之星，而夫妻宮為太陰主藏的星系，必發展成為配偶容易受異性垂青。

然而，這其實是比較巨門守命者的遭遇，以及夫妻宮太陰坐守而言的。

假如巨門星系遇煞刑忌太重，則命運多舛，即連夫妻宮的太陰主受異性垂青的性質，也會大打折扣。

雪濤曾遇到過巨門星系守命的人，其夫妻宮是亥宮之太陰坐守。當見到巨門守命的猥瑣面貌，再見到其妻，便甚不會相信其配偶會有桃花。

當然，若兩人互相比較時，又的確可以說巨門星系守命者的配偶確較會受配偶垂青。

男命巨門守命，若夫妻宮的太陰得昌曲、台輔封誥會上，其人為**「夫憑妻貴」**。

亦主配偶相貌勝己。《紫微斗數全書》說：「**太陰同昌曲於妻宮，蟾宮折桂之榮。**」主少年得娶美妻，亦引申為因妻而得榮耀。

故此，必須夫妻感情殷厚，然後其人事業始能有成。

前人論太陰一曜居夫妻宮，必說配偶貌美或配偶易受異性垂青。

實在冤枉也矣！

若僅以兩夫婦而言，則真是比較上來說，太陰會比巨門較合眼緣，某程度上來說的確如是。

但若巨門本身遇合之星曜不吉，即連自身相貌粗鄙，依常理，實不易得娶貌若天仙之美妻。畢竟武大郎娶潘金蓮只屬希罕的少數例子。

如巨門自身星曜不吉，而其配偶貌美出衆，則必更會昌曲、鸞喜等對星居沐浴之地，始能如是。

太陰居夫妻宮見化祿會入，或祿存會合，則必須夫妻感情穩定，然後人生才得以安穩發展。

但太陰會祿居夫妻宮，會轉化為桃花，且多涉及自身招惹桃花，尤其祿星在外會入為的。

此間複雜性質，當事人心中當然明白，但卻不易被人發覺。

故巨門之暗，卻是去蒙蔽他人。蒙蔽，即是去用言語蒙混他人也。

巨門為暗曜，太陰為內藏，是以凡巨門守命，均主配偶多才多藝，才華勝己，有內在美。

倘如其配偶不僅是內在美，連外貌亦美，則太陰的潛藏力失敗，反主配偶只是庸俗之人，才華亦不過一般而已。

太陰居夫妻宮，**遇火鈴**，為軟剋，主配偶經常與自己生離，同床異夢，無閨房之樂。

遇羊陀，主受配偶頤指氣使，或是受配偶拖累，為易生感情變化的組合。

◉凡巨門星系守命者，其人子女宮必屬天府星系坐守，對拱七殺。

巨門為暗曜，天府為庫藏，天府為主星，身為形役，所為者，盡屬兒女福。可一言以概括之矣。

清穆宗、溥儀二人，便是巨門星系守命，其子女宮便是天府星系。如是，子女即為臣民百姓了。

天府必須得祿或百官，才主格局穩定，才主子女秀發。唯如是，則巨門星系守命者，便必更辛勤勞累，所付出的，盡歸入子女所得。

天府不見祿，便主不穩定。

倘有煞忌，便成「空庫露庫」，主子女際遇欠佳，甚至奸狡自私。

故巨門或格局差者，六親寡合，連子女也會離己不顧。

天府為穩定之財庫，不見煞，亦無百官祿星，則主子女依賴性強，但不至影響巨門星系與子女的兩代關係。

天府居子女宮，其人必為巨門星系守命，最怕空劫與府相同躔，則天府性質改變，主易夭折或命無子女。

尤以自身有孤刑之星會合，尤的。

天府與**煞星**同度，主子女性格與父母不投。

天府與**祿存**同度，不見破壞性星曜，主子女溫順，且多為足月或超過預產期生產。

天府與**火鈴**同度，為不足月生，且生後亦常有虛驚之擾。

天府與羊陀同度，須防破相。

◉凡巨門星系守命者，其人財帛宮必為「機月同梁」星系，必對拱天梁星系。

「機月同梁」星系居財帛宮，主其人的進財形式是因循、保守、穩定，不會有大變動的。

是以一旦去炒買股票，即違反財帛宮星情，必敗無疑。

除非財帛宮有以天機為主的性質，又要越變動越佳的徵應，才佳。

換言之，即為機梁組合，在「辰戌丑未」宮成格，必須三方不會煞忌，才主越變動越佳。

否則，凡巨門星系守命，一概不宜靠炒買股票或帶賭博風險來進財。

由於必會天梁，而天梁此星不大喜歡會祿，不論祿存或化祿，均主有麻煩、糾紛、困擾等。

故此宜以管理、監察、查核、檢定、批核之類的工作性質為合。此為巨門星系守命者必須注意的事。

巨門為暗蔽，亦宜長居幕後工作，故其進財形式亦宜穩固穩定進財為佳，不宜經商。宜以服務為目的，不宜專以求取財利為目的。

因此，巨門星系守命的專業知識便特別重要。

機月同梁星系居財帛宮，均宜以提供服務為主，即類同義務或為大眾服務為主。若得到群衆支持，則自然得到財祿。

若只是志在謀財求利，則反多生困擾，反致有瀆職，失去財祿。

是以凡巨門守命，人緣便顯得特別重要。

倘如人緣欠吉，必須另在專業知識上加強進修，先謀人和或個人才華，才能得到利益。

◉凡巨門星系守命者，其人疾厄宮必爲破軍星系，且對拱必爲天相。

破軍為耗星，具無情之反叛意義。無情，亦必先經有深厚之感情，然後才會顯得是叛逆和無情。

在身體上最有感情者，莫過如面貌、牙齒。破軍居疾厄宮者，最易破相。而且牙齒最易發生蛀牙而要與自己分離，要剝脫。

破軍為耗，巨門為暗，即為暗中消耗，故巨門星系守命，其人易得暗損之疾。

古人認為易得「消渴症」，即所謂「糖尿病」，或「血糖偏低」，容易手震指抖或至昏眩、嘔吐不適。

破軍對容貌有損，故最易有膿血、毒瘡。以對拱之天相有陀羅、鈴星、陰煞為的。

巨門為暗，破軍為耗為決裂，故此亦主皮膚濕毒，易生疹毒、癬疥之疾。但通常會出現在髮中、下巴、腰間、下部等不顯眼的地方。

破軍為突如其來之變化，以寓巨門星系守命者，其疾病之變化至惡劣，往往僅在三數小時或三數天之內。

故凡有親友是巨門星系守命者，必須注意其人疾患往往可以在三數天內，變爲危症。

破軍遇祿星，其疾必為實症。

破軍遇火鈴，其疾必為虛症，如天花、痲疹、傳染病，或突如其來之病變。其秘訣，即在天相是否穩定而已。

故巨門星系守命，研究其人之疾厄宮，便須更進一步理解星系組合，才能真正合理地推斷出疾病性質。

⊙凡巨門星系守命者，其人遷移宮必同屬「機月同梁」星系，其遷移宮的三方必會太陰與天梁。

巨門為暗曜，喜監察別人。

而遷移宮卻必會太陰，主藏而有變化，及天梁之監管，即在外會受別人暗中監管、留意。

故此，巨門星系守命者喜遮蔽別人，卻原來經常招引別人的暗中監察和暗中批評、挑剔，以致是非、困擾不休。

巨門之是非，乃由自己妄動生災而致，亦是由於星系組合之結果。

若能由星系的組合去理解紫微斗數，則會發現紫微斗數的星系配合，可以全面地去解釋每星曜的星情及其演變性質。

故此，若離星系去研究紫微斗數，便只會變成支離破碎的片面淺見，得不到通盤理解，和全盤貫通的掌握了。這也是雪濤撰寫《紫微闡微錄》的本旨。

巨門守命，其三方之星系與遷移宮接近，卻不一定相同。反而，在遷移宮的組合，卻有一定之排列。故此，若要考慮其人是否適合往外地發展，可從遷移宮會合之星情去理解。

⊙凡巨門星系守命者，其人交友宮必爲殺破狼星系的紫微、武曲、廉貞、無主星，但必對拱貪狼。

若為無主星，即是說其人的交友宮乏力，無法給予巨門星系守命者實質的助力，且其朋友緣份亦甚難捉摸。

若巨門星系守命，交友宮為紫微星系的話，其人便會視友如事君王，盡受朋友剝奪和支配，得不到平輩相依之友人支持。

若巨門星系守命者，交友宮為武曲星系的話，則肯定「巨門交人，初善終惡」。

因武曲為寡宿之星，最不喜居於六親宮垣，偏偏巨門星系守命者，命宮在「寅申巳亥」、「卯酉」、「丑未」等八個宮垣，交友宮均會遇上武曲，是以形成巨門的朋友，注定不多。因其交友宮多數會上寡宿之星是也。

交友宮必會上貪狼，即表示其人所結交者，為娛樂、玩樂的酒肉朋友。絕少有甚麼救急扶危的好友，患難見真情或同甘共苦的朋友亦甚難得。

因此，巨門守命者必須明白，交友宜慎。亦不宜與人長期合作去經商，以防陰溝裡翻船。

◉凡巨門星系守命者，其人事業宮必爲「機月同梁」星系，卻必對拱太陰。

太陰為內才，巨門為暗曜。即是說巨門星系守命者，亦有暗中的內才，必須待人去欣賞和發掘，才會理解其人工作上的辛勤與表現力。

故此，天魁天鉞對巨門來說，亦是甚為重要的星曜。

其次，主才華之星曜，如科星文曜，均屬之。

倘無魁鉞貴人，巨門守命者，可以變成半生形役，到老仍為人輕賤，難有出人頭地之日。

倘無主才華的星曜會入，巨門守命者，其人即使如何辛勤努力，仍無法有任何獨特的表現，知遇難得。

太陰失地的話，巨門守命者，常多忙亂，不集中精神，以致半生糊塗，毫無建樹。甚至傾向使用一些小手段去謀取財利，成為宵小卑下之人。

太陰入廟，則巨門可以堅固地去發揮理想，不易去貪取蠅頭小利，成就自然會較為醒目而影響深遠了。

◉凡巨門星系守命者，其人田宅宮必爲七殺星系。

七殺必主一次或以上的打擊與挫折。

故此，巨門星系守命者，其人的工作崗位，便有挫折之應。如公司改組、公司名望欠佳、公司被人收購，或自己經常要出門走動、自身會經常轉換工作地點等，均屬此類。

倘七殺居田宅宮，稍在三方會煞，即主產業破耗，尤不利不動產、股票等。

倘七殺有忌星同度，即主被逼離開田宅。

倘煞忌在三方射入，主不利的打擊與變化，從外影響至田宅，有時是政治、戰爭因素，而致遭受打擊困擾。

巨門爲暗蔽之星，七殺爲挫折之曜，當七殺星系居田宅，便主暗中生破敗，但當事人往往茫然不覺。

是以，七殺星系居田宅宮，便較難以風水去化解不祥。

比方說二五交疊至床頭，巨門星系守命者在那處睡覺，亦可以渾然不覺其害。

反而對其他人的房屋，稍有不對，其人即會動輒挑剔，指出如何不善。

因此，巨門自己的田宅宮風水如何不佳，其人亦不輕易覺察出不利。

巨門星系守命者想要學好玄空風水，會較為吃力。

◉凡巨門星系守命者，其人福德宮必爲天梁星系。

受太陽發放性的影響，天梁的監察、挑剔與孤忌性質，會變成對外監管。

即傾向留意別人的陰暗面，對人對事，都經常抱著「陰謀論」的處世態度。

因此，容易變成多生不必要的困擾和麻煩，是非隨身。

天梁居福德宮，容易有懶散和重視精神享受性質。因此，略帶自我，自尊心極重。

三方會祿，則天梁欠缺公允，易有自私自利性質。易招不必要的煩惱。

天梁化權，性格孤忌，有孤芳自賞、潔癖，加強了與人不合群的性質。

天梁化科，聰明、冷靜和氣度沉潛，但性格較為涼薄，宜在學術研究上鑽研。

天梁與空曜同度，主其人性格狂邁，與時流不合，不拘一格。亦為性格浮動、不安一業，難得安閒生活之人。

巨門星系守命者，其福德宮有三大組合，即「陽梁」、「同梁」及「機梁」等。

太陽主發射和施予，天梁為挑剔，即巨門守命者，其人喜對外人暗加批評和挑剔，最易多生是非困擾，且多由自身妄動而致。

天同為享受和隨和，同梁便有任何災難發生，隨便放縱不加細想和不去反抗的性質。

因此，變成明知有種種不利之事，其人亦只會暗中使權變，暗中用權謀，卻往往令自己無法自拔，出離困局。因而有破蕩的性質。

天機主變動，天梁為監察，變動而暗中監察，即巨門守命者會付出不斷的心力，去修整、去隨機轉變，因此巨門的星系，便有人忙心更忙的特質了。

⊙凡巨門星系守命者，其人父母宮必屬天相星系。

天相為印綬，具擁有可以去支配一些不屬於自己的權力。

因此，天相本身便是權力的代表。

天相的權力，並無明顯的立場。視乎會合的星情，兼視其屬於「刑忌夾」，抑或「財蔭夾」來決定。

如遇空劫，則天相的權力會變為泛濫、不可規範，有橫蠻、霸道、不講理的性質。

如遇祿星，可別分祿存與化祿，如廉貞化祿，則天相可變成政治手段，但卻傾向精神享受為主。

以巨門星系守命來說，其父母宮的廉相化祿，即為給予多方的安慰與懷柔政策，卻其實是暗加約束著巨門，而巨門卻感受不到約管。

如天相與祿存同度，則巨門必與陀羅同度，如是暗忌性質加強，更宜只向沈實、低調地工作，不宜多生事端。

與祿存同度的天相，有自肥自利的色彩，表示其長上輩只會從巨門身上謀求利益好處，不會真心去欣賞巨門的努力、才華。即使巨門向天相提出加薪、擢升之類的要求，亦必招來暗中打壓的回報。

天相無明顯立場，故對輔佐諸曜甚為敏感，會使天相產生極大的轉化。

如昌曲、左右、魁鉞等星曜會入，加強天相重複、雙重的意味，便主其人可能有雙重父母。

或者其人是由契父母、祖父母所養大。

天相若為「**刑忌夾印**」，其父母遭遇欠佳，亦引申為日後長上輩自身難保，巨門守命者不易從天相的長上輩身上得到任何好處。

雙忌夾印、**火鈴夾印**，都屬生離死別和災患不絕的組合，且巨門自身亦必多煎熬困滯，此乃數中不幸也。

小結

巨門、天梁二星，俱為斗數中的惡曜，以巨門的暗蔽、是非，更加易生不必要的困擾。二星皆有孤獨的意義。

巨門，可以具有節烈的情操，不會隨波逐流，很有自我的個性。要突顯自己樸實的才華，不可徒付口舌之爭，應如實工作，不可崇尚虛華，是巨門一曜必須注意的事。

巨門的福德宮必為天梁，天梁為刑忌之星，主刑剋自己。因此，若其人專以挑剔他人為能事，則只是在做著損自己陰私之事而已，必會影響自己日後的運勢。

巨門喜沉實、權威之星會合，如魁鉞、化權等，皆為佳構，表示可以如實地發揮真正的才華。

如會左右、昌曲，則反致增強「會合整個星系」之天機的不穩定和加強天同的懶惰性，削弱整個星系的沉穩性。

尤不喜祿星、文曜，使其人偏近於柔，更容易受兄弟宮貪狼星系的感染，變成放縱自己，或受人拖累。

巨門星系守命者，必帶「始善終惡」本質，故凡事只宜短攻、短打，以短期合作形式來經營，便是化解麻煩是非最佳之法。

巨門的疾厄宮必為破軍，破軍亦會影響整個殺破狼星系，且破軍為耗星，故此巨門星系守命，除非天相是財蔭夾，才主穩定。否則，巨門星系守命者所招引的疾患，便帶無情凜烈之勢，且影響田宅宮、父母宮、兄弟宮，也必變化巨大，人生也必跌宕失意。明此，乃知星系互相牽連影響之重要性了。

天相十二宮宮次圖

無為而治的天相

太陰 巳	貪狼 午	天同 巨門 未	武曲 天相 申
天府 廉貞 辰	天相在申 一		太陽 天梁 酉
卯			七殺 戌
破軍 寅	丑	紫微 子	天機 亥

廉貞 貪狼 巳	巨門 午	天相 未	天同 天梁 申
太陰 辰	天相在未 二		武曲 七殺 酉
天府 卯			太陽 戌
寅	紫微 破軍 丑	天機 子	亥

巨門 巳	廉貞 天相 午	天梁 未	七殺 申
貪狼 辰	天相在午 三		天同 酉
太陰 卯			武曲 戌
紫微 天府 寅	天機 丑	破軍 子	太陽 亥

天相 巳	天梁 午	廉貞 七殺 未	申
巨門 辰	天相在巳 四		酉
紫微 貪狼 卯			天同 戌
天機 太陰 寅	天府 丑	太陽 子	武曲 破軍 亥

天梁 巳	七殺 午	未	廉貞 申
紫微 天相 辰	天相在辰 五		酉
天機 巨門 卯			破軍 戌
貪狼 寅	太陰 太陽 丑	武曲 天府 子	天同 亥

紫微 七殺 巳	午	未	申
天梁 天機 辰	天相在卯 六		破軍 廉貞 酉
天相 卯			戌
太陽 巨門 寅	貪狼 武曲 丑	太陰 天同 子	天府 亥

天機 巳	紫微 午	未	破軍 申
七殺 辰	七	天相在寅	酉
太陽 天梁 卯			天府 廉貞 戌
武曲 天相 寅	天同 巨門 丑	貪狼 子	太陰 亥

巳	天機 午	破軍 紫微 未	申
太陽 辰	八	天相在丑	天府 酉
武曲 七殺 卯			太陰 戌
天同 天梁 寅	天相 丑	巨門 子	廉貞 貪狼 亥

太陽 巳	破軍 午	天機 未	天府 紫微 申
武曲 辰	九	天相在子	太陰 酉
天同 卯			貪狼 戌
七殺 寅	天梁 丑	廉貞 天相 子	巨門 亥

破軍 武曲 巳	太陽 午	天府 未	天機 太陰 申
天同 辰	十	天相在亥	貪狼 紫微 酉
卯			巨門 戌
寅	廉貞 七殺 丑	天梁 子	天相 亥

天同 巳	天府 武曲 午	太陰 太陽 未	貪狼 申
破軍 辰	十一	天相在戌	天機 巨門 酉
卯			天相 紫微 戌
廉貞 寅	丑	七殺 子	天梁 亥

天府 巳	太陰 天同 午	貪狼 武曲 未	太陽 巨門 申
辰	十二	天相在酉	天相 酉
破軍 廉貞 卯			天梁 天機 戌
寅	丑	子	七殺 紫微 亥

十一、天相

星情詳義

天相為南斗第二星，五行中屬陽水。

天相化氣為印，被喻為「印綬」，即掌財印之官，行使財權，或掌握國中重權。

因此，即使天相只是執行權力者，本身並無任何權力。但實際上，正是權力的執行人。

自己無權勢，卻能運用賦予給自己的權力，是執行權力的人。

因此，天相本身無化祿、無化科、無化權，亦無化忌。

即寓意其人無財、無權、無名，也無不良。

卻是代表財祿、權力、名譽和刑忌的執行人。

無化祿、化權、化科和化忌，以寓天相的面貌，所以天相並無明顯的立場。

也就是說，天相本身缺乏鮮明的特質。本身無權力，卻是行使權力的代理人，也是權力的象徵。

因此，比喻天相為掌印之相，為佐貳之臣。在公司內，亦是行政的主管人材。

天相，永遠與破軍對沖，相較之下，即本宮的天相是被動，遷移宮的外界是主動。

故此，天相的處事方針以被動為主，有後知後覺的傾向。

天相的福德宮必為七殺星系，七殺有孤忌性質，具掉臂而行的色

彩。

是以，天相表面上並無鮮明立場，但行事上的狠勁，卻可以表現為七殺，處事不會拖泥帶水，有決斷決絕的孤忌性質。

當在一定的情況下，逼使天相要做一個不得已的決定時，決定的結果可能是離開身邊的所有至親。

但天相守命者，可以一意孤行，毫不含糊。這相較七殺、破軍或貪狼守命者，天相做事卻較為明快而決絕得多。

但其人對別人的表現卻極柔和，有懷柔的手段，所以不容易去想像到其人做事的狠勁之處。

天相命宮的性質，與福德宮的星系存在著重大的矛盾衝突。在推斷時，尤須特別注意。

一般而言，很少會遇上天相守命的例子，其實，這也是一個特點哩！

天相的財帛宮，必為天府星系。因此，發展到「逢府看相」的方法。換言之，亦必構成「府相朝垣」的格局。

「府相朝垣」即天府天相平衡射向某宮，假如某宮得府相財印的穩定輔助，星情配合得好，其人便能穩定發展。此乃一般通則。

但仍須注意「天府天相」二星能否入格。如為「空庫、露庫」或「空印」遇煞，則即使有府相來朝，亦是虛形假局，凶。

在研究「府相朝垣」這類格局時，必須注意此點。

受府相朝垣影響的宮垣甚多，有六大組合——

廉府、**武相**朝向「子午二垣的紫微獨坐」。因子午的紫微獨坐，

永不得百官朝拱，必為孤君。

倘遇合的府相有空曜或煞忌，其人必為好耍手段，多勞少成，到老仍為奔波辛累之人。

天府、天相朝向「巳亥二垣的空宮，借對宮星來安宮的廉貪守命者」。

空宮守命，已有空虛不實、人生如幻之慨。若得府相來朝，而得祿星同度，其人人生發展，便可以在空中樓閣中穩健發展。

但如空庫、露庫的府相來朝，其人便是落拓、浪蕩之人。有醉生夢死的顛沛閱歷了。

廉相、紫府朝向「辰戌二垣的武曲獨坐」，這組合呈穩定。

但以武曲一曜而言，卻是增加其人「著重實際工作，不圖重大改革」，反成更加短慮及因循、固執的性質。若見空曜，反主其人可在現成的穩定局面下，大膽去開創。成與敗，還須視十干四化來協助推斷。

天府、天相朝向「卯酉二垣的空宮，借對宮安星的紫貪來守命者」。

空宮守命，亦是得府相來朝，構成穩定在虛無不實中的局面，故此宜看府相之星曜是否得祿，以定其人是否穩定。

見府相有祿，是謂之「穩定」，可創造自己的理想王國。

不見府相得祿，是謂之「空蕩」，主徒勞無功，往往是辛勞形役，到頭來還是夢如人生。

既然人生帶空蕩性質，即利於演藝、創作、廣告等具創意的工作，可有的極大成就。

武府、紫相朝向「寅申二垣的廉貞獨坐」。此為心為形役，事業宮及財帛宮支配自身命運的組合，較勞心勞神。

見祿在府相，則費盡心神後，自有穩定安樂的生活。

不見祿在府相，則廉貞得府相來朝，亦不主安定，為好耍手段之閒人。

天府、天相朝向「丑未二垣的空宮，借對宮的武貪來安宮守命者」。

空宮守命，十二長生的宮氣，具有甚大的作用和影響力，宜先注意宮氣。

借星的武貪，亦有不發少年人性質，卻是溫和得多了。

只要府相得祿，則很有可能在少年時，已有嶄露頭角的表現，名大於利矣。

不見祿，則武貪卻又可發展成紈袴子弟，人生目標含糊不明。

天相是天府財富的印綬，也是鑰匙的代表。故此，如得穩定的局面，則府相皆可以安穩、富足，也是人生安定的表徵。

天相之安定，可由祿存或會化祿而來。另一方面，也可由百官朝拱而致。

得百官朝拱的天相，只代表行使權力時的局面擴大了，但不代表天相可得實利，僅主可得尊榮感。

亦往往由尊榮感中，引以為傲而已，實際的收益不多。這點，不可不知。

天相為掌權之星。《斗數全書》論天相，說天相「爲司爵之宿」，「化氣曰印，是爲官祿文星佐帝之位」，即說天相雖然不是領導，卻是行使領導權力之人。

將這個意思引申在田宅宮，便是可以居住一個地方，可以佔用、運用其地，但該地方不屬於自己的。

在今日社會而言，僭建的地方、租來的樓宇，均屬此類。當然亦包括宿舍。

又將此意義引申在夫妻宮，便是可以佔有、行使夫妻之間的事，卻不是真的屬於自己的配偶。

在古代認為是適宜同居、私奔的徵應。但這個訊號，僅在天相遇煞忌重的時候，才會出現。

假如會合的星曜有文星，有祿星，則天相居夫妻宮，主配偶有情有義。而天相在夫妻宮的意義，便變得不易掌握了。

天相一曜，必受天梁及巨門相夾，而天梁及巨門必須視太陽之入廟情況，以決定其孤忌及是非性質。

也就是說，太陽入廟，則天梁及巨門得以暖和溫熱，其人人生自會充實而易於富足。

如太陽失地，則天梁及巨門便帶孤、帶寒、帶是非。如是，則天相亦必受其感染，而人生亦必招來冷落、孤單性質。

因此，觀察天相一曜，亦必須視太陽之入廟程度來決定其性質。

⊙凡天相星系守命者，其人兄弟宮必屬巨門星系。

巨門為暗曜，在六親宮垣皆為惡曜，多主是非不寧，骨肉參商。

即使有輔助吉曜會入，或干化吉利，亦僅主兄弟事業有成，仍不主兄弟間的感情深厚。

巨門的暗，是去遮蔽別人。

因此，天相星曜守命者，其人便會受兄弟的才華成就所遮蔽。相較於兄弟，其人便容易失色，不夠突出。

以天相的缺乏個人面目本質、無鮮明的立場而言，當跟自己的兄弟來相比較，則天相的成就便容易變得暗淡，不夠突顯了。

因此，天相守命者，一生皆不宜與人長期合作。一旦合作，自己的才華必無法突顯出來，無論如何的不甘心，其人只可屈居佐貳之位。這是命運使然，怨不得。

倘太陽失地，即巨門居兄弟宮的暗便不能化解，定有拖累、破耗性質。故凡天相星系守命，太陽落陷，則兄弟宮的巨門便一定有連累、暗加損害的性質，故此絕不宜與人長期合作。

「天相守命，定無知己良朋」，以太陽失地為的。

這是由巨門居兄弟宮而衍論。「巨門交人，始善終惡。」若彼此保持君子之交，不涉金錢利益，則天相在太陽吉化或太陽入廟時，仍主有好友，只是彼此定然較少見面。

天相為行使權力的人，其福德宮的七殺，主孤。

故凡天相星系守命者，多主內心寂寞。而兄弟宮必為巨門星系，容易有兄弟、好友不和的性質。

但倘如保持君子之交，或轉向與異族人，或與朋友分居兩地，則反主彼此可以互相往還，感情彌深。

這也是天相星系守命，其兄弟宮不利性質的轉化，不可不知也。

⊙凡天相星系守命者，其人夫妻宮必屬貪狼星系。

貪狼為殺破狼星系，其變化往往是逐漸變化，由初相識，至較熟絡，然後開始如膠似漆，再感情成熟而結婚。

只有「火貪格」，主突然轉變成為愛人。

「鈴貪格」，轉入私底下締交。

貪狼為桃花星，表現出來是天相星系守命者的配偶渴望的是多姿多彩的愛情生活，而天相星系守命者，未必能給予多彩多姿的愛情予其配偶。因而造成其人的配偶容易招來第三者追求，以致天相星系守命者自身有忠烈性質。但夫妻宮的桃花性卻較為濃厚了。

天相星系守命，縱使命宮遍會桃花諸曜，致其人身墮風塵。幾經波折得嫁一夫君，婚後，自身堅守婦道，但其夫君卻容易有第三者主動追求，以致麻煩甚大。

以貪狼會天機變動時的流年或大運射入夫妻宮，即為生變的樞鈕，不妨注意之。

「火貪格」、「鈴貪格」居夫妻宮，不為吉論。主初時熱戀，婚後不久即感情冷卻，容易對配偶生厭惡之心。

此乃其人福德宮是七殺，一旦感情生變，便會見到其影即憎恨其人到極點。跟初時談戀愛的情形，有天淵之別。

這點作為天相星系談論其夫妻宮時，不可忽略也。

凡貪狼化忌居夫妻宮，均主配偶爲人所奪。且往往涉入多角戀愛，及不滿足天相星系的地位、金錢，而生轉變的。

凡貪狼星系居夫妻宮，一般皆不作吉論，推斷時，尤須注意太陽的入廟程度，以視天相星系是熱情、積極的人生，抑或是冷落、孤寒的人生際遇。——因為凡貪狼星系居夫妻宮，其人必為天相星系守命。凡論天相之性質，須看太陽性質如何，此乃視天相星之秘訣。

◉凡天相星系守命者，其人子女宮必為太陰星系。

太陰為內才，因此越是貌不揚，其才華越是充實。一旦發越為相貌出衆，則反成浮滑、淺薄之人，甚至會有短壽之徵應。

天相為印相，太陰為內才。

故此天相守命的子女與下屬，便有暗用才略和運用手段、才智以謀利的性質。雖然聰明，卻缺乏領導力。

太陰廟旺，則天相格局自然亦大，其子女亦容易富厚而聰穎。

更見三台八座、恩光天貴、台輔封誥等榮顯之對星，可斷子女出身貴顯。也主自身可憑子女、下屬而得殊榮。

太陰失地於子女宮，多為天相守命者與配偶離婚，或失婚的訊號。見火鈴沖入，尤的。

太陰失地，遇煞忌，主子女多災多病。帶煞及天月虛耗諸星，則子女可能是帶病延年的，或有吸毒的惡陋。

太陰會文曜，則天相便無文曜，即天相出現不穩定，主子女雖重視感情，卻又會忽視天相晚年的遭遇。

子女可以有穩定的婚姻，但天相星系守命者不得文曜，便容易出現晚年見孤單之徵。

◉凡天相星系守命者，其人財帛宮必屬天府星系，也構成「府相朝垣」的組合。

當府相合成一個架構，對府相受朝的宮垣，即有最大的平衡作用。

是以天府財星居財帛宮，仍不主富厚。僅主其人善於理財和有「有入無出」的習慣，其人喜歡儲蓄某些事物。

儲蓄事物，可以是錢幣，可以是漫畫書，可以是玩具，可以是感情，不一而足。

天府必須疊祿，才主富厚。

天府的保守性甚重。主其人有量入為出的理財概念，也主進財的形式是細水長流，如穩定的工作，穩定而固定的薪金。

故此，其人便適宜守業，在既定的局面下，維持業務。不利開拓新的局面，否則會導致自己的生涯也不穩定。

疊祿，即有利於穩定的局面下，慢慢逐步擴充或開設分公司，以穩定的手法發展來達致富厚。

倘如天府不見祿，則天相的性質，便主空蕩、不穩定。此時，其人財帛宮即為「空庫」。宜於大公司內以受薪形式工作，不宜經商，也不宜自行創業。

雪濤相過多位律師、醫生及會計師，俱為天相星系守命，均曾自行獨立經營，但全部都屬於艱危經營，結果全都結束了公司，改到大型機構工作，至今仍能堪稱穩定安居。

可見空庫的天相星守命，不論其人專業地位如何，皆不宜獨立經營個人事業。

天府若與天姚同度，便主發財不止一處。倘更會陰煞，即主起碼有兩個進財之處，即運用不見光的機謀巧計去謀私利。

以天相守命而言，這樣的組合，為巧騙之人，其人的誠信便甚有問題了。

⊙凡天相星系守命者，其人疾厄宮必爲「機月同梁」星系，且必對拱天梁。

也可以說，凡天相守命者，其人受天梁影響健康甚大。

天梁為蔭星，即為蔭護、延命之意。

倘遇太陽失地，則蔭護之力較少，有大病來時，無法護蔭其人，其人不久便死去。

但如太陽乘旺，則蔭護之力極強，主其人多招不利之疾患，結果得到祖澤護蔭，多年診治，卻也死不去。

此即為得到天梁蔭護之表現。

必須待天相得祿，天梁吉化、太陽有力，而後始主其人平日少病，或病情輕微。

天梁為陽土，在疾厄宮表現出來的疾病主要是熱毒、實症。

不論男女皆易有痼患，且容易有輕微的惡化與蔓延性質。或有轉化成慢性而持久的小疾病。越見祿星，越是麻煩。

一般而言，主脾胃方面的敏感不適，為胃熱、胃下垂、胃寒之類的疾病。

天梁不見祿，即為嚴正，故其人一般都主少病。

於女性而言，天梁居疾厄宮，卻主乳房方面的毛病。若會羊刃、魁鉞，則反變為鼻炎。見祿，即永難根治，或致失去嗅覺了。

天梁在疾厄宮的星系組合有三種：陽梁、機梁、同梁等三星系。這三種也是依據不同命宮星曜守命，而分別演變造成的——

陽梁星系居疾厄宮，其人必為「武相破軍」星系守命，有反覆向上的性質。故表彰其人的疾患亦以輕度、反覆診治為主。見祿星，反成不斷滋擾，故有時會淪為吸毒，或要長期服食平抑內分泌的藥物，如膽固醇藥、心臟、高血壓之類的藥物。

機梁星系居疾厄宮，其人必為「廉相破軍」星系守命，有感情被動去叛逆的性質。以喻其疾患，則有枝節橫生，不得不作割除、不得不深入診治的性質。有時會變成神經叢集之處有疾患，故引申為淋巴腺方面的疾患，或手術複雜的不常見疾患。

同梁星系居疾厄宮，其人必為「紫相破軍」星系守命，有重整、重組、開創、叛逆性質。即其人健康容易失控、卻又糾纏不休。故此，極容易會變成險症。雖及早診治而痊癒，但一段日子後又有惡化，不久又能控制之。慢慢由滋擾變成生活的一部份。如糖尿病、皮膚病、小便失禁之類。

凡天相星系守命，其人容易病變為其他的疾病。如疾厄宮疊祿，尤確。

◉凡天相星系守命，其人遷移宮必爲破軍星系坐守。

破軍，為殺破狼星系中毫不猶疑就去作改變、開創的星，變化的幅度甚大。相較於天相來說，破軍是驚濤駭浪式的改變。

由於這是論議天相星系守命的福德宮，因此，是否得祿，便更加重要了。

天相本身得祿，即為人生安穩，如破軍也能會照祿星，則其人在外仍有重大的生活變化，或外界會忽然對此人的人生面貌，有極大的改變。

也就是說，若其人的人生安定，大多數也必會在短短三、兩年內，人生命運出現重大的轉變。及後，又再安穩地生活。

天相本身不得祿，即主人生落拓、跌蕩。也是其人命運出現無情的變化。

福德宮的破軍，更是主叛逆和徹底的改變。其人不宜遷移外地，否則，必多生刑忌、流離及有難以立足之苦。

這時，唯有依賴專門技能、專業知識，或可在異域中立足。但必仍主多生障礙，經常受到排擠或迫害等不平之事。

一般通則，**凡天相星系守命者，皆不宜遷移外地**。不論其為「刑忌夾」抑或是「財蔭夾」，均屬不宜。

只有在魁鉞會入破軍，而破軍得祿，才可以遷移往外地。

凡破軍會火鈴，皆主天相星系守命者，會有一次或以上的重大挫折或災病，必須注意之。

◉凡天相星系守命，其人交友宮必為「機月同梁」星系，必對拱巨門。

也就是說，其中之交友宮，必受巨門一曜的影響。

「機月同梁」踞交友宮，基本上的意義是因循、不變化、固守的本質。

若以「財蔭夾」的天相來說，便主其人所結交的友人是小圈子，以原來的範圍為主，助力是持久而穩定的。卻又有些許暗生是非的性質。

若以「刑忌夾」的天相來說，則其人所交的友人是一夥又一夥的變換，圈子不同，而助力不穩或助力微薄。有相交滿天下，知己無一人之感喟矣。

評論天相守命其人交友宮的「機月同梁」性質如何，還得先看天相本質是「財蔭夾」，抑或是「刑忌夾」去參看為要。

如太陽失地，則天相守命者，容易受友人侵吞、拖累而多生破耗。

天機遇煞忌之「機月同梁」星系入交友宮，常主友人心口不一，且所結交者，多為浮滑、無助力之人士。

⊙**凡天相星系守命，其人事業宮必爲殺破狼的紫微、武曲、廉貞，或無主星，必對拱貪狼。**

貪狼為交際之星，天相本身之所以具有政治、行使權力的性質，其交際應酬性質，亦自貪狼星而來。

天相為行政人員，可在公司內行使權利，為輔佐之大員，因此貪狼一曜之好壞，便對天相守命者有甚大的影響。

天相守命，若事業宮為**紫微對貪狼**的話，其人便以工作為第一任務，或甚重視其認為第一目標的事。

也就是說，其人會為任務而輕忽了對六親的照顧。倘如貪狼遇祿遇桃花，尤確。

天相星系守命，若事業宮為武曲星系，已有踏實工作、不善計劃和不擅於全盤佈置的性質。

故為專門技能較合，不利經商。否則，容易餐霜露宿，奔波勞碌，事業多爭端。會煞忌在命宮或事業宮，均屬之。

天相星系守命，若事業宮為廉貞星系，即主其人身不由己，會為自己的嗜好而多費心力。

即使在工作時，亦往往兼及自己的舉動和嗜好的發展。

因此，若其人能以自己的興趣作為事業來發展，則較能全面投入工作，日後成果會較佳。

倘天相星系守命，而事業宮無主星，須借對宮的貪狼星系來安宮者，其人會甚為被動，且人生目標也不甚明瞭，且有行為孤僻怪異的傾向。這類人，一般都較為聰明，但卻有孤芳自賞，工作上有迷糊、虛無的性質。宜以代理、仲介人、服務為主導的工作為合。

◉凡天相星系守命，其人田宅宮必爲「機月同梁」星系，對拱必屬太陰。

「機月同梁」居田宅宮時，天機主變動，太陰對風水變化甚敏感，天同為先破後成，天梁是出現問題後會去蔭護自己，得有安身之所。

因此，如天相守命是刑忌夾，或不見祿星，其人一定不可自行經營。

否則，必多生爭端，且難得安定之棲身地方。

也即是說，凡天相不穩定，田宅宮也容易出現不穩定，如調部門、公司重組、轉換公司等，均為不安定之田宅。
其人只有在自身安定、得祿，田宅宮又不見煞忌交侵的情況下，才可以有經商的基礎。
會入田宅的太陰失地，則天相所得之巨門與天梁相夾亦必帶寒忌性質，即主置業艱難，一生難得安定之生活。
⊙凡天相星系守命，其人福德宮必爲七殺星系踞守。
七殺為刑孤之星，有掉臂而行性質，也主其人不容易與人融洽相處。
七殺居福德宮者，即使其人如何處事高明，或如何運用權力，表面上愛惡皆不形於色。
但事實上，其人內心是愛憎強烈，且疑慮心也大，有孤芳自賞性質。

七殺居福德宮，一般皆主刑孤，容易處事偏激。見煞更有不耐煩或滿腹牢騷等現象。

七殺具執著、認真的性質，故天相守命，縱使其人不容易表現出個人的立場，但處事的態度，往往喜歡親力親為，辛苦勞累。

七殺不喜與祿存同度，反主優柔寡斷和多方追悔。

見煞，又主其人必招一次或以上的重大打擊，且性格孤僻和行事衝動、內心不安等。

必須天相，或天府得祿，其人內心始得從容、穩定，進退得度。

⊙凡天相星系守命，其人父母宮必爲天梁星系坐守。

天梁為蔭星，以天相守命而言，天梁之蔭護宜有左右同度，或天相得魁鉞會入，其人始能得到長上輩的助力，而致人生順遂。

又要太陽吉化或入廟，其長上輩或機構才可以具氣勢，格局才大。唯如是，天相的發展始能更有餘地。

天相星系守命，其父母宮不喜有火星或鈴星同度，主與生父生母分離。

再有吉星會入，便主重拜父母，或入贅岳家，或贍養岳家而不顧自己的父母。此即是天梁受太陽對外發射影響之故。

將對外發射的性質引申，便知逢天相守命者，其人甚難得到父母歡心。

或者在家中，父母最鍾愛的人，是自己的兄弟，而不是自己。

在公司內，每每上司對自己的同事會較為欣賞，自己卻往往是被忽略的一個。見火鈴，尤的。

小結

天相是一顆頗難掌握的星曜，且由於天相不參與四化，其面目性質便較含糊。

然而天相的福德宮必為七殺，故此顯出凡天相星曜守命者，其人行事的態度和意志的取決，並不如坊間書本所傳的含糊不明。只有陀羅、祿存干擾了天相星系守命者的福德宮，其人才會變得孤立、拖延和進退失據。

「財蔭夾」、「刑忌夾」是觀察天相星的手法之一。更深的層次，則是觀察日月對天相的影響，這層面的觀察已經是打破十二宮的規範來理解星情了。

百官朝拱的宮垣，也是天相發致、有氣勢、有機會去發揮的運程。在大運的追蹤，不可不察。

天相受巨門天粱相夾，本身已甚有受制的意味，是以不宜太露鋒芒，僅宜為助貳之位。否則，必招一連串的打壓和排擠。

天相是一顆孤寂的星，多主內心寂寞，且生來便不易結交知心好友，此即因為兄弟宮必屬巨門星系之故。

巨門為惡曜，始善終惡，會煞忌，尤甚。

與朋友保持君子之交，不與人長期合作，自身永居次要地位以保其身，此乃明哲之道。

值得留意的是天相的對宮，必為破軍星系。

破軍主智，不主義，故帶無情義、決裂和開創得巨大的性質，其人起落變化甚大，往往是與天相的本質相反者。

研究天相星系守命，觀察對宮的破軍是否穩定，亦十分重要。

推斷斗數，以天相星系較難掌握，諸位讀者宜加以留意之。

天梁十二宮宮次圖

一 天梁在酉

太陰 巳	貪狼 午	天同 巨門 未	武曲 天相 申
天府 廉貞 辰	天梁在酉	一	太陽 天梁 酉
卯			七殺 戌
破軍 寅	丑	紫微 子	天機 亥

二 天梁在申

廉貞 貪狼 巳	巨門 午	天相 未	天同 天梁 申
太陰 辰	天梁在申	二	武曲 七殺 酉
天府 卯			太陽 戌
寅	紫微 破軍 丑	天機 子	亥

三 天梁在未

巨門 巳	廉貞 天相 午	天梁 未	七殺 申
貪狼 辰	天梁在未	三	天同 酉
太陰 卯			武曲 戌
紫微 天府 寅	天機 丑	破軍 子	太陽 亥

四 天梁在午

天相 巳	天梁 午	廉貞 七殺 未	申
巨門 辰	天梁在午	四	酉
紫微 貪狼 卯			天同 戌
天機 太陰 寅	天府 丑	太陽 子	武曲 破軍 亥

五 天梁在巳

天梁 巳	七殺 午	未	廉貞 申
紫微 天相 辰	天梁在巳	五	酉
天機 巨門 卯			破軍 戌
貪狼 寅	太陰 太陽 丑	武曲 天府 子	天同 亥

六 天梁在辰

紫微 七殺 巳	午	未	申
天梁 天機 辰	天梁在辰	六	破軍 廉貞 酉
天相 卯			戌
太陽 巨門 寅	貪狼 武曲 丑	太陰 天同 子	天府 亥

天機 巳	紫微 午	未	破軍 申
七殺 辰	天梁在卯 七		酉
太陽 天梁 卯			天府 廉貞 戌
武曲 天相 寅	天同 巨門 丑	貪狼 子	太陰 亥

巳	天機 午	破軍 紫微 未	申
太陽 辰	天梁在寅 八		天府 酉
武曲 七殺 卯			太陰 戌
天同 天梁 寅	天相 丑	巨門 子	廉貞 貪狼 亥

太陽 巳	破軍 午	天機 未	天府 紫微 申
武曲 辰	天梁在丑 九		太陰 酉
天同 卯			貪狼 戌
七殺 寅	天梁 丑	廉貞 天相 子	巨門 亥

破軍 武曲 巳	太陽 午	天府 未	天機 太陰 申
天同 辰	天梁在子 十		貪狼 紫微 酉
卯			巨門 戌
寅	廉貞 七殺 丑	天梁 子	天相 亥

天同 巳	天府 武曲 午	太陰 太陽 未	貪狼 申
破軍 辰	天梁在亥 十一		天機 巨門 酉
卯			天相 紫微 戌
廉貞 寅	丑	七殺 子	天梁 亥

天府 巳	太陰 天同 午	貪狼 武曲 未	太陽 巨門 申
辰	天梁在戌 十二		天相 酉
破軍 廉貞 卯			天梁 天機 戌
寅	丑	子	七殺 紫微 亥

十二、天梁

星情詳義

天梁為斗數中蔭星，具監察、守護之職責。為南斗中的第三星，五行為陽土。

此星被喻為「風憲」，即聞風奏事，執行法令。故有「顯聲名於王室，職位臨於風憲」。

天梁與七殺皆為斗數中之風憲，但兩者卻有不同的意義！

天梁，是「機月同梁」之星系，有按本子辦事的性質。即俗語說的按章工作，亦即原則、規章的性質。

前人甚至以為天梁可以「諫皇帝、彈大臣」，實不明白星系結構之安排。

事實上，歷數天梁之星系組合，都無法做到諫皇帝的性質，但天相、七殺則可以。

七殺，是「殺破狼」星系中的戰將，亦具「風憲」的意義。

七殺是掉臂獨行之星，有行使獨立權力，或享有專權的身份。

故此，七殺化氣為權，雖然歷盡艱辛，但不受旁人影響，性情孤高不群，卻也流於辛苦。

「**七殺羊陀會生鄉，屠宰之人。**」有人認為七殺羊陀會於寅申巳亥宮，其人多出身屠宰，事實上，亦非如是。

雪濤認識許多紫殺，或七殺朝斗守命者，大多能掌握威權。

如武館教頭、銀行經理、藥行企業的掌舵人、律師、警司等等。

喻其為「屠宰之人」，可理解為掌握生殺之權而已。肉攤的屠夫，卻倒以天梁星系為多。

天梁之「風憲」，必會太陽，陽梁即為官方、政府之代表，故有監察、執行法令之意義。

如執達吏、行刑之劊子手，亦如今日的小販管理隊、風紀糾察、紀律部隊等。

天梁是具執行原則、法律之人，是故必以執行任務為主。

而七殺之「風憲」，必成府相殺破狼，或自身有化氣為權之意義，即受中央之特定任務，不受任何人干涉。猶如廉政公署，或八府之巡案御史台，可支配、指使別人去工作，為管理人員。故此，七殺見廉貞化祿，則為最佳之管理能手，有「韓信點兵，多多益善」的性質。

在刑場上，天梁是執行斬殺的劊子手。

而七殺，則為頒佈法紀，擲下斬令的官台。前人論七殺與天梁二星時，忽略二星之星系組合，故論說此二星時，稍有偏差失誤，讀者在理解星情時，宜從星系組合去入手。惟如是，失誤才可避免。

天梁為「蔭星」，是由於古代術家所言「南斗主生，北斗主死」，天梁即南斗星君，司人間之生壽、福澤。

相對而言，貪狼即北極星辰，掌人間之死亡、災禍。

所謂「蔭」，即能有「消災解禳」之力，寓意即是先招來禍患、麻煩，然後始顯其消災解禳之能力。

故此，天梁坐命者，其人一生中，必多招不利和麻煩之事，最終能逢凶化吉。

在命理中顯示有災難麻煩，即表示必會發生，即使用玄空風水去佈局，仍主其不利的關口，必定會來臨。

若迷信拜神、符咒、法事之類可以消災解禳，即昧於因果矣。

任何人生來即有一定之起落得失，無論任何的地位，亦復如是。只是，若得玄空風水之助，自可在艱危的局面中，步步生春而心安理得。

即使如何災危逼迫，仍能安樂自若，乃至有心想事成之效。這便是得力於玄空風水。

貧困者，仍得由貧困中，漸見局面舒泰。即使受八字限制，生來便是寒骨貧相，但必得中和、小康之家。

在困境中，不會淪為絶望慌張，只要堅強信心，捱過命中早注的困難，便可重現生機。

也就是說：「自作，一定是自受。」不可能經由自作變他受。

若想消災解難而去做任何解禳的法事，妄求脫去刑罰官司或病魔困纏，則是「人行邪道」，所求亦為妄想而已。

天梁的蔭，亦復如是。若值刑忌交沖，其人必定災難重重，但只要更逢天梁吉化，或尋流魁流鉞去化解，定能逢凶化吉。切勿受江湖術士所愚，去做甚麼「破財擋災」的無謂法事。

天梁，喜逢入廟之太陽。

故此，天梁在巳、午、未三宮最為不祥。因所會之太陽，亦必在亥、子、丑三宮，為太陽最乏力無光之時。

也是天梁發揮其孤剋刑忌最重之時。

太陽為發射，但居落陷失地之宮垣，便主有自私自利之性質。——

——這是一般的通則而已。

事實上，雪濤深居雪地時，嘗專以天梁星系作為研究，卻發現天梁的福德宮其實受太陰影響至為重大。

太陰為內才之星，在失地，仍主有才。

失地又遇煞星，固可淪為邪辟之人，但亦可變為心志勞苦之人，其人光明正大。

即使太陰失地，又逢火鈴羊陀交併，只要後天人事上處處以公眾為利，凡事開心見誠地去處理，切勿半吞半吐或藏頭露尾，往往可以將先天不利的性格改變，甚至後天命運，亦大有改善。

即使煞忌交煎，其人身在困境中，亦會樂天知命，安貧守道。這便是福德宮改變業力的作用。

因此，天梁在巳、午、未三宮守命者，確會多災多難和人緣不足。但只要積極地進取，不可自私自利，還要主動地予人以慈善與福澤，則必能改變後天之際遇，不可不知也。此即謂之「**太陽法**」。

天梁居巳、午、未，其實，是三個星系。即「**同梁**」、「**陽梁**」及「**機梁**」。

寅申巳亥，即曰長生地，必為「同梁星系」。

子午卯酉，即曰桃花地，必為「陽梁星系」。

辰戌丑未，即曰墓庫地，必為「機梁星系」。

同梁為「苦戀」，即多糾纏、紛擾之事。當太陽失地，所主之糾纏和紛擾，便相對地麻煩大了許多，而且有苦自己知。

其內心必有不得已的苦衷，或身份帶有秘密任命、暗中偵察，卻又經過頗長時期逼不得已之下的低調。

因此，古人認為多與秘密任務有關。

但據實際徵驗而言，一般幕後的漫畫代筆、在公司內任秘書兼又暗中為老闆去搜集公司情報、記者等，均屬此類命格。

至於說此類命格多會遇上九死一生之事，則要兼察福德宮去推大運、流年，才可確定。

不然，若見天梁在巳位守命者，即言其人必有九死一生之事，準會鬧成笑話。

陽梁爲「別離」，主天梁對別人過份挑剔，而不懂自我檢視，不懂自我改造以和光同塵，而與人產生隔膜。

人生較為孤獨，此乃同度或對拱之太陽「主發射」和「向外」而言。

天梁是挑剔，向外挑剔，便成為易招人嫌。不獨人生孤獨，更且生涯艱苦。

故宜對人蔭護，主動地去助人。傾向太陽那熱誠和助人熱心，並不計較得失、人我立場，如是，三月一小變，三年即可一大變，日後運勢亦可憑後天業力加以改變。

陽梁主別離，即與別不同。只要積極向善，自能得到與衆不同之殊遇也。

機梁爲「枝節」，主天梁隨境而變，失去原則，卻又隨時自立原則，以致越變越離題，變成「善談兵」，不切實際。

尤其是受天虛、大耗、破碎、空劫和天馬這類星影響，可能令致興趣更加廣泛，卻又三分鐘熱度，浮光掠影，枝節橫生。

機梁在辰戌丑未四宮，皆有浪蕩意味，容易不守一業。於此，宜加細味焉。

天梁為壽星，此星入六親宮，已主老成持重，當天梁與天壽同持，必主年齡、外貌上有老成或成熟的性質。亦主年齡上或思想上有差距。

雪濤在九十年代初曾學得鐵板神數，其中的考六親法亦可參照天梁天壽居夫妻宮時，年齡可以有六年或以上差距。

會鸞喜，主配偶年齡較小，須另憑加減法去推步。

總之，天梁、天壽居六親宮，彼此年齡多數有一定之差距。這項徵驗甚準，可供參考。神數定六親之生肖，亦與之有關也。

甚至，僅憑天壽一星，亦可推出年齡差距，或外貌成熟持重之特徵，諸位不妨注意之。

天梁此星屬「機月同梁」星系，因此，便具因循、按本子辦事的性質。

一旦天梁化祿，則天梁本質改變，變成因應個人喜好而改變其原則。

祿，即好處，引申爲喜好和興趣。

天梁化祿，即天梁的原則，變成因喜好而改變。是以，便有欠公允、有秘密交易和賄賂性質了。是故天梁不喜化祿。

且整個星系來說，天梁化祿即為壬干，殺破狼府相的星系有「權科挑化忌」本質，比喻為一旦有化權化科，亦必同時有化忌，得失互見，未免有不全，斯為不美也。

天梁在十干四化中，有化祿、化權、化科等三化，並無化忌。

化祿，即為修補原則，如某日有人在店中從架上取起一玻璃珍品觀看，但不小心摔破了。幾經交涉後，以小數目賠錢，或道歉了事。

化權，即同為在店中從架上取起一玻璃珍品觀看，不小心滑手摔下，但在半空中手快地接住了，僅受重大驚嚇而已。

化科，即在店中架上取起一玻璃珍品觀看，差點掉下，卻未有跌出手掌外，僅略微鬆一鬆手，但亦冒了一身汗。此即為天梁化科的虛驚。

化祿、化權、化科三者，在天梁一曜的顯示皆有所不同，讀者宜明思之。

天梁此星具疑忌性質，當福德宮更有陀羅、化忌之星會入，其人便經常對人產生疑忌，即使是對自己家人，也甚多猜忌、狐疑。

⊙凡天梁星系守命者，其人兄弟宮必為天相星系，且必對沖破軍。

天相，相對於破軍來說，是被逼、被動和身不由己。

相對於天梁來說，便是受人感染，視乎彼此關係、視乎環境而有改變。

因此，天梁星系守命，只要立即主動與人修好，對人熱誠，即能得到相對的熱誠和好的回報。

但任由天梁的天生冷漠、內斂、對人猜忌、對人挑剔的劣根性發展，自然會招引種種冷漠、刑剋的回應！

世間絕無注定的命運，也無天生的不可變遭遇。僅有由人去決定、去支配自己命運的選擇——心性。

以天梁守命者而言，若立即改變人生態度，以熱誠、公平、厚道去對待別人，時常寬厚於心，則心性自能公平正直。

那怕是太陽失地，仍可以做到有一分熱，即發一分光，從而使人生溫暖，活得積極，而且對人有利。

若一意孤行，好挑剔別人、自私自利，是即必招隙末終凶之惡果，宜三思之。

兄弟宮之天相，是完全視乎天梁此星之為人寬厚、抑為人刑剋而釐定其性質。

「**刑忌夾**」，即天梁本身已較為刑剋、孤剛。

「**財蔭夾**」，即天梁本身已較為寬鬆、隨順。

衡量其人之兄弟宮，必兼視「日月」對天梁的影響程度，此為觀察天梁一曜的秘訣。

亦可以說，「日月」亦間接地影響了天相星系，此即為六十星系相互牽連、影響的密切關係了。

⊙凡天梁星系守命者，其人夫妻宮必爲巨門星系。

一般而言，巨門在六親宮垣來說俱主惡曜，主是非多，關係欠佳。

巨門為暗曜，主本宮會傾向暗蔽其他星曜的光輝，於是以天梁來說，便嫌其配偶喜奪其光芒，且亦主天梁之夫妻宮易招別人詬病。

天梁本身已主多招麻煩，多災多困，因此巨門在其人的夫妻宮亦僅是其中的一項刑剋而已。

評斷天梁之刑剋，還須視乎其人處世和辦事態度。越自私自肥，或減少與人周旋的，便越容易招來種種的麻煩困擾和是非駁雜。越是待人寬厚，以慈悲心處世，積極幫助別人，付出較其他人為多，公平無私地對待別人，不令自己有任何私心者，其人才可以增厚福澤，擁有和美的婚姻。

天梁、巨門俱為斗數中主刑剋、孤寡的星。是以天梁和巨門便更需要主動去改善做人和處世的態度，才可招來安穩的後運。

古人不以巨門居夫妻宮為吉曜，說「巨門交人，始善終惡」。在夫妻宮，更易生隔角爭執，倘更遇太陽失地，則天梁便易有孤寡、涼薄性質。其夫妻宮之巨門，便主生離死別，或配偶多災多病，連累自己亦終日困苦愁窮了。

由於視天梁之福澤殷厚，始能更準確地評斷其人之六親氣運，以及天梁之日後遭遇。由於帶有孤刑性質，實在可與相法齊參。不妨兼察其人的肩背後是否有肉，或坐圍會否寒削，犯之，惟有先增肥滿，以改變骨骼形體，才可談論改變日後運勢。

這也是參考斗數中「形性」以助推論日後運勢之法。

天梁必須以入廟的太陽解其孤剋，同時巨門亦須太陽之熱和光，以紓解其是非刑忌，是以「日月」亦須入廟、吉化。

日月入廟，則影響的範圍較廣。

落陷，則影響的性質較切實和根基、基層性。

吉化，只直接對太陽或太陰有影響，對巨門和天梁影響較微，宜注意之。

巨門化氣為暗，故不喜會化忌或鈴星、陰煞、陀羅同躔，俱主配偶暗生猜疑，亦是增加了天梁星系守命者嫌棄配偶、有是非冷戰不休之傾向。

天梁星系守命者，宜與年齡有差距的人結合，或與異族人結合，如是便可減去許多的麻煩困擾。

巨門居夫妻宮始終是惡曜，不宜更會火、鈴、天馬等，常主與配偶中道分離。

倘如會合的太陽失地，天梁星系守命者便容易出現「早見刑剋晚見孤單」的局面。

宜改變人生觀和處世、做人的態度，以溫暖平和、寬厚的心性，去熱心助人，自然天佑吉人，招來善果。

此即是天梁最需要注重後運之所由。

⊙凡天梁星系守命者，其人子女宮必爲貪狼星系。

天梁為蔭，而子女宮之貪狼卻是物慾上的追求。除非貪狼會上空曜，尤其是天空，便主子女與下屬等為有雅量之人。否則，俱主子女對物質的執念甚重，有一意孤行之性質。

子女宮亦反映其人之性能力，當一個人之子女宮物慾性重，且又桃花遍聚，是反映其人之性需要極重。

故以天梁星系而言，當貪狼在子女宮而有桃花諸星會合，主庶侍產子，亦即正妻之外另有情人。

究其竟，原則紀律一旦會祿便會變質，也可以說化祿之天梁星系，尤須注意節操之修持。

古人認為貪狼居子女宮，又與桃花星曜同會，可能是正室無子，僅有女，外寵則可以生子。此項徵應，也甚準呢。

貪狼居子女宮，若為火貪格、鈴貪格，均主子女有突然興旺之應，也是突然間在外冶遊而有子之應。

火貪、鈴貪，均為始熱終冷，且子女對自己有野心，有吞侵反叛之應，以紫貪星系之野心最大。

是故，天梁星系守命者，須防子女侵吞自己事業。

倘貪狼化忌，亦主容易小產，或子女為不足月生，或子女由娘家養大。

倘貪狼星系在子女宮，有祿挑忌，則子女必為耗廢家業之人，亦為有不良嗜好之應，宜教之以嚴厲，切勿縱容。

◉凡天梁星系守命者，其人財帛宮必爲太陰星系。

太陰為財星，財星居財位，即表示其人擅於謀財，又為精算之組合。恰好引申成天梁星系者最適宜任職會計。

太陰是斗數中的財星，亦為星主。若太陰得百官，即表示其人動用金錢的數目廣大，不得不更精打細算，故天梁星系守命者亦必長於計劃和思考。

太陰主藏、主靜中而帶動，要不露痕跡，然後格局始高。

是以天梁守命，亦宜低調、沉潛，特別在處理金錢利益上，更須公平、正直，千萬不可以有謀私、藏私之心。

太陰為內才，長於計劃和創造財富機會，故此天梁星系亦善於謀取利益，隨機應變。

因此，若天梁星系之格局欠佳，浪蕩意味太重時，其人必會不擇手段以謀私利，即使變成神憎鬼厭，亦不理會。

惟如是，性格和命運也會傾向涼薄，同時亦必招引涼薄、無情的遭遇。如因車禍受傷要切除手腳，或因不幸而家破人離……

此即自作寒涼之因，自必招寒涼之果而已。

因此，不論太陰居於任何宮位，天梁守命者都宜以熱誠、寬厚待人為佳。否則，一旦養成涼寒之大患，則惡果繼之，必致自焚其身。

此乃自食其果而已。

太陰為計劃、創造機會之才華。

若得吉化，太陰居財帛宮，定能憑計劃而得到可慾。

慾海是永遠無法填滿的，只有適可而止，「**不見可慾心不動**」，不求貪、不取妄，便是天梁明哲保身之道了。

太陰化祿，或祿存同度，均可以吉化太陰，但對天梁必生困擾，變成私心太重，必致失敗，且招來貪取、不知己之惡名。

前人論斗數往往對此忽略，僅見太陰居財帛宮是「財星居財帛宮」，忽略到天梁星系之本質不喜見祿，故有誤導。

其實太陰居財帛宮，以見**科文諸曜**為大格。**見祿星**，反成猶疑、貪慾、貪污、不公平等。

一旦太陰化忌，必犯天機化祿來沖某宮，必成「祿逢沖破」之組合。

沖破之宮垣，往往便是失敗惹禍之由來，不可不知也。

太陰會火鈴於財帛宮，僅主紛擾甚多，勞心勞慮而已，不主財氣受損。但太陰羊陀，卻有損財氣，此中分辨甚微，宜加注意。

太陰會天巫、祿星，可代理品牌、商品。

太陰會天巫及天馬，則天梁星系守命者，又可以經營旅行社或航海運輸業。

◉凡天梁星系守命者，其人疾厄宮必爲天府星系。

天府為陽土，多主脾胃不適或皮膚敏感。

若天梁星系守命者，其人命宮具寒薄性質，則連疾病也帶無情而刑剋。

故有時要切除胃部、膽、大腸、肉瘤之類，均為寒涼之天梁星系常遇到之疾病。

若天梁星系寬厚者，其人所遇到之天府亦必較為溫和。故此主胃寒、胃熱、水腫、積滯、胃下垂、哮喘之類，多屬困擾為主，均為寬厚之天梁較常遇到之小毛病。

天梁本身已主痲煩、困擾，故此，天梁會天月，或疾厄宮之天府與天月同度，均主其人帶病延年。

天梁星守命，若其疾厄宮為「**空庫、露庫**」，均為消化力不足、消化功能衰退、消化功能障礙、或消化系統失常之徵。

亦有人在大運時天府遇煞忌交併，十年以來，經常上吐下瀉，以致日漸消瘦亦不知何故。

大運過後，其人立即病癒，且不再上吐下瀉。「空庫、露庫」的徵應，於此可見一斑。

天梁本身有凶險、虛驚性質，倘若天府亦有煞忌交併，則宜小心易招嚴重之交通意外，童年時亦多跌撲受傷也。

天府若與鈴星、陰煞同纏，則多主糖尿或腎功能受損之重病，宜注意之。

◉凡天梁星系守命者，其人遷移宮亦必屬「機月同梁」星系，必為破軍與天府相夾。

機月同梁居遷移宮，會增加浪蕩性質，必須兼視魁鉞二星之位置，以尋求株守於出生地好，抑或遷移往外地為佳。

整個「機月同梁」星系均宜有魁鉞之助。太陰更喜左輔右弼，而天梁更宜天魁天鉞。

又須視日月之廟旺情況，以決定其人是否適宜遷移。

遷移宮亦為評斷天梁受外界人歡迎、支持的程度。倘破軍吉化及天府得祿，則天梁星系守命者，大利遷移往外地，可望在外地安定地發展，人生較為順遂。

倘若相夾遷移宮的破軍無吉化，祿馬遇煞，則主天梁在外界、外地的遭遇多變，人生有無常之感。

評斷天梁的遷移宮，可看原局的交友宮是否穩定抑決裂無情，便可知其人是否人緣冷漠，這是捷法！

⊙凡天梁星系守命者，其人交友宮必爲破軍星系。

破軍化氣為耗，代表勞心費勁才可以結識到朋友。以天梁星系來說，便增加了其人人生冷漠，易生怨謗、是非之應。

天梁遇祿，即容易破軍不見祿，如是已主背棄、不同立場、意見紛紜之應。以天梁來說，又是人緣少之徵應。

必須破軍會祿，天梁穩定，才主其人可得友人強大的助緣助力。

破軍獨坐交友宮，已肯定朋友不多。

再有煞忌，肯定遭人背棄、出賣，此點不可不知。即命宮為丑未、巳亥、卯酉等六宮守命之天梁星系，最易遇上。

即使不見煞忌，已主容易遭人輕忽、冷落、輕賤。更有火鈴沖入破軍，必多生紛擾、麻煩，以致反目成仇。

倘遇空劫、虛耗之星，恐遭人侵吞，或因友人惹禍受牽連之應。

以鈴星、陀羅會合為的。

故此，凡天梁星系守命者，實不宜與人長期合作，避免受到不必要之拖累、牽連，以致損失慘重也。

◉凡天梁星系守命者，其人事業宮必為「機月同梁」星系，必對拱巨門。

「機月同梁」之星系居事業宮，以天梁星系而言，便是守舊、因循、冷退之象，有勞心勞力、不穩定的性質。

倘更遇空劫、火鈴、天馬，其人勞心力之餘，更主事業不穩定，傷飄泊。

尤重「日月」兩星，對其事業之影響甚大也。

喜見科文諸曜，即使左右、魁鉞，亦是對天梁星系守命者大有所幫助的。

不喜見祿，斯為重點。

天梁一曜具監察性質，故此其人亦宜以教育、會計、法律、星相、醫生、推銷、軍人等為業。一般而言，皆不宜經商。

◉凡天梁星系守命者，其人田宅宮必爲紫微、廉貞、武曲或空宮，必對拱貪狼星系。

天梁有浪蕩之性質，化氣為蔭，必須田宅宮穩定，其人之人生運程才得以穩定。

天梁自身不喜見祿，卻喜田宅會祿。會祿於田宅，是天梁發揮其蔭護力量最強的時候。其解困之力也最強大，而且不覺艱辛。

紫微星系居田宅，主田宅猶如皇庭。比喻其人甚重視家當，一生形役亦只為田宅宮。

得百官的紫微居田宅宮，其人可以經商，或在大型機構內穩定地去工作。

不得百官的紫微星系居田宅宮，其人又可變為獨力經營，如小小本經營的公司為主。

廉貞星系得祿於田宅宮，天梁星系守命者所注重的為精神享受、消遣、滿足感為主。

亦引申其人自身對金錢不會太看重，有浪蕩不穩的性質，即不爭取和計較。

此亦即可由其人之田宅宮，反映出一個人之運勢與遭遇也。

武曲為行動以取財之星，當武曲星系居田宅宮，已明言由財星居田宅，田宅有取財之意義。

因此，因投資家宅或變賣家宅來進財，或以家族成敗、聲譽來取財的意義也甚大，是最大的投機、拼搏的冒險星系。也是得失、起落最大的組合，因此有浪蕩、破盪的意味。

由於必會貪狼星，故田宅宮不喜有昌曲、桃花星會入，以免影響天梁星系的性質。

天梁為清官，不喜會祿。但其田宅宮則喜得祿星，此即星系組合之喜惡不同之故是也。

◉凡天梁星系守命者，其人福德宮必爲「機月同梁」星系，必對拱太陰。

太陰為內才，是財星。故喜入廟，則生財有道義，若失地，則取不義之財。此為評斷天梁星系，先兼看太陰是否得地之重要。

其次，天梁自身受太陽之廟陷影響，而致人生有進取、消極等兩種效應。因此未評論天梁星系的福德宮時，要先看其人命宮會合太陽之入廟與吉化情形。

天梁一曜，受日月影響甚大。姑勿論天梁星系的命運遭遇，抑或其福德宮之反應，亦復如是。

由於屬內才、計劃之星，如計劃受人賞識、受用，則天梁自然可以成功在握。是以，天魁、天鉞對天梁一曜來說，便十分重要。

得魁鉞入福德宮的天梁，其人必能受人賞識和重用。

見左右，則反而會引致天梁浪蕩意味加強，變得每事都浮光掠影，沒有深入的理解，淺嚐輒止。

亦不喜**見天月**，使其人行事詭辯，兼且有懶惰、縱容自己任由災難發生，也不去反抗的性質，也是容易淪落為吸毒的徵應。

亦不喜見空劫，會使天梁的名士派性格，變為狂士，增加憤世嫉俗，不容於世的奇士性格。

⊙凡天梁星系守命者，其人父母宮必爲七殺星系。

天梁為風憲，七殺亦為風憲。

而七殺乃殺破狼之星系，掉臂而行，有化權、橫行於市而不顧別人之性質。而天梁則為刺諷、採諷於民生的風憲。

因此，凡天梁星系守命，已主六親緣寡，其七殺星系居父母宮是最典型刑剋的組合。

最大的刑剋，是火鈴夾，主無父母緣，即父母一方可能早亡。或童年時，即與父母分離。

更會天刑、天月，則主父母一方，可能是傷殘之人。

只有會合左輔、右弼，其刑剋性質始告緩和。

其次，七殺化氣為權，本身已有不受人影響、權威，不可動搖其志尚之特質。因此，**凡天梁星系守命，多主其人與上司不洽**。

只有在七殺會左右、廉貞化祿的情況下，其人才可以與上司感情和好。

即使天梁星系守命，其父母宮之七殺星系有魁鉞會上，其上司亦不會徇私。上司仍然是天梁星系的貴人、知遇之恩人，但卻是天梁自己的實力足夠而得到相應的殊遇、提攜。可以說，是以自身的實力取勝，人生較為辛累。

七殺為嚴肅、執著、認真之星。

故凡天梁星系守命，其人父母多為嚴父嚴母。此論據甚為準確，可用作定盤時的參考。

小結

天梁是斗數的「蔭星」。

此星帶「先招災難而後化解之」的性質，因此要顯示天梁主蔭護的能力，便往往會先引來災害、麻煩，然後再去消除困擾。

天梁在六親宮垣，均有此義存焉。

加強其不利的性質，是拖延、消耗、損害性的星曜。即如天月、鈴星、陀羅、化忌之類。

天梁具有消磨意志、監管別人，以及對人諸多挑剔的性質。

故此，假如可以行使「太陽法」，便往往使後運變得和順和福緣優厚。

斗數中的祿權科忌四化，均對天梁有不同性質的轉化和影響。

在原局大運流年的轉化，情況會變得較為繁複，宜須注意之。

天梁在安星規律的排佈原則下，必然帶有刑自己、剋六親的傾向。

因此，如何使「早見刑剋晚見孤」的不利情況減少，或完全擺脫，便要好好的行使「太陽法」。

太陽乘旺或會有華蓋會入，刑剋性會減免。但若一意孤行地挑剔別人，則自然自招寒薄之命運。

天梁的風憲性質，再**加會天馬**；或本宮無星的天機天梁加會天馬等，都**主飄盪**，很容易日夜在外奔波勞碌，極易招致人生空虛、孤獨，容易節外生枝地遇到不愉快之事。

天梁宜爲清官，其人三方皆不宜見祿。

即如其人之財帛宮，必因安星的規律而為太陰坐守，為「財星居財位」。

這情形，亦不宜見祿存或化祿。喜會合文星，此點不可不知。

而其人之田宅宮，則喜祿星，此乃由於不同之星系，自有不同之星系喜惡。

天梁為監察之星，要發揮天梁之監察力，必須其人父母宮穩定或格局大。

否則，天梁亦只不過是一名不怕死的諫官，收場難得見好。

故此，天魁天鉞、左輔右弼能會入七殺之宮垣內，自能對天梁之運勢起了極大的薦拔、嘉許和欣賞之功。

評斷天粱時，貴人星在那裡，尤須注意。

七殺十二宮宮次圖

太陰 巳	貪狼 午	天同 巨門 未	武曲 天相 申
天府 廉貞 辰	七殺在戌 一		太陽 天梁 酉
卯			七殺 戌
破軍 寅	丑	紫微 子	天機 亥

廉貞 貪狼 巳	巨門 午	天相 未	天同 天梁 申
太陰 辰	七殺在酉 二		武曲 七殺 酉
天府 卯			太陽 戌
寅	紫微 破軍 丑	天機 子	亥

巨門 巳	廉貞 天相 午	天梁 未	七殺 申
貪狼 辰	七殺在申 三		天同 酉
太陰 卯			武曲 戌
紫微 天府 寅	天機 丑	破軍 子	太陽 亥

天相 巳	天梁 午	廉貞 七殺 未	申
巨門 辰	七殺在未 四		酉
紫微 貪狼 卯			天同 戌
天機 太陰 寅	天府 丑	太陽 子	武曲 破軍 亥

天梁 巳	七殺 午	未	廉貞 申
紫微 天相 辰	七殺在午 五		酉
天機 巨門 卯			破軍 戌
貪狼 寅	太陰 太陽 丑	武曲 天府 子	天同 亥

紫微 七殺 巳	午	未	申
天梁 天機 辰	七殺在巳 六		破軍 廉貞 酉
天相 卯			戌
太陽 巨門 寅	貪狼 武曲 丑	太陰 天同 子	天府 亥

七　七殺在辰

天機 巳	紫微 午	未	破軍 申
七殺 辰	七殺在辰	七	酉
太陽 天梁 卯			天府 廉貞 戌
武曲 天相 寅	天同 巨門 丑	貪狼 子	太陰 亥

八　七殺在卯

巳	天機 午	破軍 紫微 未	申
太陽 辰	七殺在卯	八	天府 酉
武曲 七殺 卯			太陰 戌
天同 天梁 寅	天相 丑	巨門 子	廉貞 貪狼 亥

九　七殺在寅

太陽 巳	破軍 午	天機 未	天府 紫微 申
武曲 辰	七殺在寅	九	太陰 酉
天同 卯			貪狼 戌
七殺 寅	天梁 丑	廉貞 天相 子	巨門 亥

十　七殺在丑

破軍 武曲 巳	太陽 午	天府 未	天機 太陰 申
天同 辰	七殺在丑	十	貪狼 紫微 酉
卯			巨門 戌
寅	廉貞 七殺 丑	天梁 子	天相 亥

十一　七殺在子

天同 巳	天府 武曲 午	太陰 太陽 未	貪狼 申
破軍 辰	七殺在子	十一	天機 巨門 酉
卯			天相 紫微 戌
廉貞 寅	丑	七殺 子	天梁 亥

十二　七殺在亥

天府 巳	太陰 天同 午	貪狼 武曲 未	太陽 巨門 申
辰	七殺在亥	十二	天相 酉
破軍 廉貞 卯			天梁 天機 戌
寅	丑	子	七殺 紫微 亥

十三、七殺

星情詳義

七殺為斗數中的將星，為南斗第六星，五行中為火中帶金，即以火為本，金為用。故此本質為陰卦，顯現出陽剛的行動。

由於七殺是火為本，金為用，故主歷練艱危。

古人評論七殺，常說此星「七殺臨身終是夭」。又說「七殺入命身宮，見吉，亦必歷受艱辛。不見吉化必夭折。」

「七殺羊陀會生鄉，屠宰之人。」

「七殺逢羊陀於疾厄，終身殘疾。縱使一身孤獨，也應壽年不長！」

每每認為七殺星守命宮的人，多主不壽，會煞尤的。這種論調，不足為徵。

雪濤在香港教紫微斗數的《星系訣要》時，嘗專就七殺會火鈴、羊陀等四煞，作為專題研究，很清楚地統計出，七殺在寅申巳亥宮會煞，並不一定主傷殘、夭折！諸位讀者，千萬不要自己嚇自己。

不過，七殺遇煞，倒也真有艱辛之徵。

七殺本身已具煞星的意味，因為十干四化裡，祿權科都沒有。

因此，七殺亦具不受管束，具權力的性質。倘遇四煞中任何一煞，便會加劇煞星的破壞力。

此星守命，或坐大運，必經一次或以上的重大打擊或挫折。

故此，必須詳斷其人於各大運限的起落、得失，或大運內的各流年好壞，以作適當的趨避。

七殺為殺破狼星系中的將星，亦為探子，故本身即具有甚強的節制力和管理力。

當七殺與紫微會合，即有受帝星授權或受到駕御，能朝著一個目標，即使如何艱辛，亦可以克服困難而成功。

縱使是七殺逢紫微星系於流年或大運，亦主先歷練艱辛，要堅毅地去克服麻煩。即使紫微化權、化科，性質亦一樣。

七殺為武星，不喜會昌曲。

會昌曲，則文武氣質不投，而致其人不文不武。

會龍池鳳閣，則能發揮技藝方面的才華，卻又會削弱七殺的管治能力。

七殺為掉臂而行之星，帶有獨立行事的性質。其對宮必為天府，天府一般為穩定、謹慎之星。

故此，當天府穩定，則七殺亦必呈較為安穩的人生。

倘如天府是空庫、露庫，則七殺亦必帶破蕩性質。

故在評斷七殺時，必要兼察天府是也。

天府為主星，故外表多帶莊重。連帶地，七殺星守命者的相貌也較為沈厚，但內心實為勞累。

七殺不喜昌曲，亦不喜祿馬，因祿馬會破壞天府喜安定的本質。

七殺最不喜祿存，主其人會「戀祿」。

即做事過份猶疑不決，但表面上卻還是英明神武，而內心則徬徨彷彿，難以立定主意。

亦不喜會陀羅，常主其人進退失據，經常生悔吝之心，中途改變立場，以致人生困滯，進退兩難。

七殺喜見魁鉞，主在危困中，必得到貴人提扶借力來渡過難關。

此乃「英雄末路遇貴人」的徵應。必須經歷到最差、最窮愁、最潦倒的情況下，貴人或好的轉身機會才突然降臨。

一日未到絕路，一日都不會出現貴人。這個性質，在大運或流年亦會發生。

在《紫微斗數全書》中提到：「七殺守命，廟旺，有謀略，見紫微加見諸吉，必為大將。」即指此也。

所謂諸吉，是指魁鉞、左右而言。

又說：「**七殺守命，廟旺，得左右昌曲拱照，掌生殺之權，富貴出眾。**」是指得左右夾或左右對拱於辰戌，而昌曲入福德宮而言。如七殺三方會昌曲，則為不文不武，破格是也。古書此句有誤導之嫌矣。

七殺為將星，有掉臂獨行意義，因此會化權、煞忌、天刑、孤辰寡宿等星曜，或同度或會合，皆有所不宜也。會使其人的人生更顯艱難，且刑剋自身。

古書說：「**七殺破軍，專依羊鈴之虐。**」「**七殺羊鈴，流年白虎，刑戮災迍。**」為最不妙之組合。

即使大運或流年遇之，亦主多災多難。

筆者亦曾批過一個命例，印象極深！

紫殺同度於亥宮，第二個運行子垣，武曲化忌疊入疾厄宮，其人在此運內遇上嚴重的交通意外，以致鋸去雙腳，終身傷殘……。

是即紫殺行羊刃天同太陰，疾厄宮武貪雙化忌，其人遭受的打擊甚大，以致影響一生。

但原來天盤的紫殺，其人在亥宮守命，三方不見煞，僅武貪的化忌射入命宮。

行經壬子運時，火鈴夾大運的福德宮，遇天梁雙化祿、陀羅，此乃對七殺星系最大麻煩和打擊的跡象。

雪濤連忙問對方是否在此運有九死一生之事，對方唯然說對，他是在此運中遇上交通事故，以致要截去雙足，變成影響終身的殘障狀況。

七殺怕陀祿，真果然！

七殺為剛剋性之星曜，甚畏陀羅、祿星，不可不知也。在壬干時，尤須注意之。

七殺不利女命，以其剛剋，則必刑夫剋子，六親緣份難得和美，以致其人容易與人寡合，人生落寞。

「七殺單居福德，女人切忌，賤無疑。」此乃古人論句，失之太武斷。且缺乏星系通盤的考慮，不足取也。

「殺臨絶地，會羊陀，天年夭似顏回。」說七殺與絶地同躔，會有羊陀，主其人夭似顏回。

目前七殺臨於絶地，會有羊陀的案例，尚未足夠論證至主夭折。

但依星情來說，七殺躔於絶地，僅主其人不容易有翻騰機會，且亦不容易衝出羅網。

再有羊陀疊至，亦僅主更勞心勞力而已。不一定主夭亡是也。

七殺喜會廉貞的化祿，為七殺星系最大的政治手腕及管治力最強的徵應。可謂「韓信點兵，多多益善。」

⊙凡七殺星系守命者，其人兄弟宮必爲天梁星系。

七殺為刑忌之星，具掉臂獨行的獨行俠性質。其兄弟宮的蔭，正好反映出其人並非招人嫌棄和惹人反感的星曜，僅是由於不懂世故，或性格剛剋、不喜與人週旋，卻又不會令人生厭。

其人身旁總會有些好友去支持、庇蔭著他。

但有一個現象卻是，多是七殺自身先遭麻煩、困擾，致無法處理解決時，才主得到兄弟或好友的暗中助力。

以左右居兄弟宮時，尤確。

由於天梁為蔭星，本身亦刑剋性質，故以七殺星系守命者而言，便不宜與好友、兄弟長期合作。

即使命宮、兄弟宮見左輔右弼，亦復不宜。

倘遇空亡、陀羅，則更主中途變故或暗生排擠之事。

必須太陽乘旺同度於天梁，其兄弟之表現始主陽剛性，即陽梁同宮或對沖之時。

倘遇太陽失地，則天梁之原則便會發展成一些規條、方式，也主對方的立場不易改變。

是以七殺不宜與人長期合作，以兄弟間彼此的立場多會不一致之故。

天梁、天刑，主七殺無知己好友，因兄弟訟己之心甚重，而自己又偏偏性格剛強。

天梁、天月，主七殺誤交損友，受人所累，或好友兄弟多遭人詬病。物以類聚，觀其人身旁的朋友，便可知其人之心性如何了。

天梁、天姚，兄弟對己有二心，即兄弟好友有刁狡、不實之象。

與七殺交往，卻有二心，則主七殺易遭人出賣。

凡七殺守命，天梁居兄弟宮，即兩者互為刑剋，互為風憲，故實不宜長期與人合作。

⊙凡七殺星系守命，其人夫妻宮必爲天相星系。

七殺為殺破狼中進退有度的將星，本身已是不受掌控，故具權力的象徵。

其夫妻宮之天相星系，卻又是掌握銀庫的秘鑰，故此，天相實際上亦有掌握於七殺的性質。

也可以說，七殺星系守命者的夫妻宮——天相，也極影響七殺的人生。

祿之所在，即安定之所繫。

若祿存七殺同持，固然會破壞七殺的開創力和獨立行事的管理才華，卻也使七殺孤立起來，變為自己更孤立、剛剋，只有旁人去遷就他，不會改變自己去迎合社群。

如祿存在天相宮位，卻又會發展成天相甚受七殺重視，他會變得寧捨棄一切，也要求愛侶安定。

可以為愛侶做出孤立別人、離開朋友等等的決定，且毫不猶疑。

這其實只是七殺本來進退和自主獨立的優點喪失，變得為愛侶執迷而已。

以七殺星系守命者而言，祿之所在，即為其迷失方向之所在。而陀羅之所在，便是受到拖累、牽連之所在了。

七殺守命，已主人生帶點孤苦。

倘如夫妻宮為刑忌夾，已主七殺守命者有孤獨之應。再加夫妻宮為刑忌夾，便更易感情空虛和易招變化。

倘又有煞忌沖入，便是在男女感情上不住的受到打擊，因為天相有重複、遇凶則凶的「印綬」意義。

一般而言，七殺遇天壽，其人多能與同學、同事、街坊等關係，變成夫婦，即具有親上加親的性質。

這便是七殺守命，夫妻宮天相得祿會照或同度的結果。

倘如得祿，天相居於七殺的夫妻宮便呈穩定，從而促使七殺守命的事業宮，得到安定的遭遇，可以與配偶一起共事，可以「夫唱婦隨」，夫婦二人聯手創立公司了。

⊙凡七殺星系守命，其人子女宮必爲巨門星系坐守。

巨門為惡曜，於六親宮垣皆有始善終惡的性質。

這個配置，饒具深意，以寓七殺的兄弟、夫妻、子女宮等等宮垣皆易生缺點，正是說明七殺孤剛、刑剋六親的人生寫照。

當七殺守命，遇火鈴羊陀，在大運、流年流煞一併沖入六親宮垣時，即主該宮垣有所刑剋。

趨避之法，可用祿星所在之宮，或遷移法，以化解之。

巨門臨子女宮，即為巨門喜暗蔽他人。以七殺星系守命來說，如巨門會合的太陽失地，已主子女有喜去暗蔽他人光輝的特性。即是其人之子女多喧嚣不停，活躍不息。會羊刃時，尤的。

巨門為暗曜，倘會煞忌，必損長子；無煞會入，更有吉星、太陽乘旺吉化，然後始主長子無恙。

現代社會，醫學一日千里，古人認為七殺星系守命，子女宮巨門會損長子的徵應，已有修訂的必要。特別在北美的醫療先進國家，在推斷上必須要重新作出修訂。

巨門居子女宮，已主子女容易暗生機心、暗起是非的性質。更會鈴星、陀羅、蜚廉、天月，尤確。必然有重大的刑剋、隔膜，且不容易溝通調和。最多僅能做到的，是面和心不滿，這已經是最佳的調和了。

必須注意夫妻宮與子女宮，看看有否天虛、大耗二曜去加強刑剋。

陰年生人尤須注意，所遇之火鈴有可能加劇此二宮的刑剋，必須兼視火鈴對天相和巨門的影響。

左右、祿星、昌曲，可加強巨門一曜的穩定與興盛，但卻會造成七殺的變化更多，尤主婚姻不利，不可不知也。

◉凡七殺星系守命者，其人財帛宮必爲貪狼星系。

貪狼為桃花星，具酒色財氣的物質、物慾性質。以七殺守命者而言，最適合以實務的形式來進財。

古書說：「**入廟遇火鈴，武職掌大權。陷地貪活之官。加羊陀空**

劫，平常。」

火貪格或鈴貪格，為突然交上好運之訊號。須詳據大運來判別，才可以更準確地看出何宮垣受惠，以作趨勢。

有時火貪、鈴貪會在兄弟宮、田宅宮出現，即表示經由好友、田宅而帶來殊遇得益。

但必須要注意的是，火熱炎炎，必不能持久，故若能及時收手，即可以持盈保泰。

否則，必會有從這裡來，從這裡散的性質。尤不宜博彩、炒買股票，幸運從來不會永久的。

尤其此命是七殺，當措手不及時，往往會造成巨大的禍根。

貪狼為享受、物質為主的星曜。當七殺守命，貪狼星系居於財帛宮，其人在金錢上的消費便有為個人興趣、為個人嗜好、為個人目標而一擲千金的豪氣。

雖表面上仍能保持沉默，但內心其實已經是激情澎湃，已經歷好幾段的起落高潮與興奮。

貪狼居財帛宮，不主精於理財，其人總會有點以小搏大、以攻為守的特質，因而容易招致失敗，原因是過於投機和冒險了。

殺破狼星系，最不喜見空劫。

但七殺會空劫，只要更會其他空曜，卻是最佳的創作人才。在廣告界或設計界，屬於七殺星系的創作總監，甚多。

只要專心在創作的工作範圍內努力，七殺星系守命者，往往可以更易達致成功呢！

貪狼一曜具有投機性質，而七殺則為勞心之星，故此，倘如更有刑耗煞曜，其人必會十分吃力，而且付出心力雖多，回報卻不足以抵償。

若會陀馬於貪狼，則必因酒色而帶來重大挫折。金錢耗去，仍不足以完全解脫事情。

若遇陰煞、天虛，則其人可能經由偏門或冷僻的行業起家。若遇破碎、蜚廉於貪狼，則七殺守命又可以發展成為幫補式的零碎散工。

鈴星、陰煞同度，主金錢糾紛，受酒肉之交要脅自己。

◉凡七殺星系守命者，其人疾厄宮必爲太陰星系。

太陰為中天星主，亦是「機月同梁」的核心星曜之一。

此星代表天上的月亮，為坎卦的代表。

故太陰星系居疾厄宮，多與腎臟、耳、眼目、內分泌等有關。

如太陰居疾厄宮而有百官，則其人一肚子餓便會四肢乏力，此即血糖低的表現。必須先滿足太陰此中天星主所需，然後七殺才可以發揮探子、將星的功能。

太陰屬水，在入廟乘旺之宮垣，便主水滿火虛，水火不交，主虛火，易倦，腎炎、皮膚炎之類等。

在失垣之地，則水為火侵，即神經衰弱、失眠、神經系統方面的毛病等。

太陰為天上月亮，若與鈴星、虛耗、天月之星會合，其病可變為眼疾，視不同之星系而有不同之尅應。

同陰為「視網膜退化」或「視網膜脫落」之疾病。

機陰則為「飛蚊」、「色盲」之類。

日月則為「白內障」或左右眼近視、遠視的度數差距甚大。

以昌、曲化忌加鈴星的破壞性最大，多為「視網膜脫落或退化」之疾。嚴重者，可致失明。

七殺守命，太陰居疾厄宮，若命宮三方或疾厄宮三方遇蜚廉，俱主皮膚敏感。

以太陰與蜚廉同度的情況，較為麻煩。是腎水不足而致生皮膚炎，必須長時間滋陰才可以根治。

太陰化忌於疾厄宮，又有龍池鳳閣，則為重聽或耳閉、耳鳴，腎水有虧損之疾。

太陰越入廟，則七殺星系守命者越不容易有病。但一旦有病，卻又不容易根治，且往往有數年的糾纏，甚至留有疤痕。

因此，**若太陰會羊陀於疾厄宮，其人必有輕微的破損疤痕。**此點又可作為定盤時的佐證。

太陰空劫於疾厄宮，則其人命宮之七殺必會合昌曲，此即爲安星訣中推斷斗數的秘密心法。

雪濤在此洩露秘密，旨在提高斗數研究者的學術水平，期望可以達到以術數行善，更有助於後世。

至於別人怎樣評議，雪濤即不會去計較。反正，知我者，不必去解釋。罪我者，解釋亦無用也。

七殺守命宮為殺破狼星系，在三方會昌曲，即為不文不武，失去平衡。

其人疾厄宮必會空劫，即主其人必易經歷常人不易有的疾患。古人定為「瘋疾」，即有失去平衡的情緒，嚴重者為「瘋狂」之疾。

不懂安星訣法之妙理，便會於此有所失。但一經點破，卻又人人自謂一早已識之，真可悲，也真可笑矣。

⊙七殺星系守命者，其人遷移宮必爲天府星系。由於七殺最喜廉貞化祿，因此最喜廉府爲遷移宮。

天府為銀庫，具內斂、沉實、穩定發展的性質。

相對於七殺來說，其人遷移宮為天府，便比起長居於出生地為安定。表示逢七殺守命者，離開出生地，即可穩步發展。

因此古書說「七殺、破軍宜出外」，確是合乎星系組合的學說，確有其理。

但仍須注意天府之基本特性，即以見祿為穩定。不見祿，而會煞忌，即不穩定，如是，七殺星系守命者便不宜遷移或出外了。

若天府見祿，有百官朝拱，則七殺星系守命者，出門便可以穩步發展。或與外地人經商，或受外界賞識，而有過人之表現。

倘如天府露庫空庫，則七殺已主無助。一至外地，便更加浪蕩、無方向、不知何去何從。如是，那人生便甚有空虛不實之應了。

倘天府與天姚同度，則七殺星守命者容易受人剝削或欺騙。更有陰煞，主受陰人謀害。

會鈴星，必有損傷。

會祿，主損傷為金錢、貨物方面。

天府居遷移，陀馬會入，主出門受阻，亦主交通諸多不便。須另詳父母宮，以視出入境時，會否受海關刁難。

若見天月，主在外地留醫，或在外地染病。天府為土，故染病多為食物不潔之腸炎、腹瀉之類。

若得魁鉞，主七殺守命者出門近貴，可得貴人提攜。

注意虛耗二星，會破壞天府的穩定性。見星尋偶，便可知虛耗之所由了。

⊙七殺星系守命者，其人交友宮必爲「機月同梁」星系，且必對拱著天梁。

「機月同梁」本身有因循，按本子辦事，有原則性的特質，受對沖天梁的影響，七殺星系守命者，其人交友宮便有監察七殺的性質。

是非、挑剔亦往往因此而生，且往往只是瑣屑零碎的小事而已。

七殺本身已具剛剋性質，倘如交友宮的「機月同梁」星系會入擎羊、天刑，便會加強七殺的孤剋意味，定主其人交友不多，友儕欠缺助力。但其人卻可以有諍友，即朋友會指斥自已的不善，只是七殺星系守命者往往覺得很難受，以致避而不見。

更會天馬於交友宮，則主七殺的友人經常更換，或彼此見面甚少。

由於必會天梁，或受天機星的影響，七殺星守命者，與朋友的興趣甚少會一致，也主所交者越來越少，以致七殺星守命的人，有人生寂寞之歎。

此乃七殺為探子之深義，以喻戰將、探子，皆不宜有朋友牽掛。

倘有左右會合，則星情為之一改，七殺守命者往往在需要時，自然會有朋友幫助。只是關係不會悠久而已。

⊙七殺星系守命者，其人事業宮必爲破軍星系，與財帛宮的貪狼，構成殺破狼星系。

七殺星系守命，其人已有掉臂而行、不受人控的特質，而破軍為耗星，代表全力拼搏，全力出擊。

有若「獅子搏兔」，做任何事都會親力親為，身體力行。

事業宮爲一個人的行事手法。

破軍居事業宮，則做任何事都必定全情投入，未有充分準備，不會輕易放手去做。一旦展開行動，又身不由己地要去完成任務，很少半途而廢。即使代價不菲，也要竭力去完成任務，此乃破軍的本色。

倘遇昌曲，則破壞了破軍一往向前的衝動，反變成思考、計劃和考慮。

如是，則七殺星系守命者，事業宮的破軍往往會變成大費周張去籌備、計劃。

往往為預備一份任務，而悉心忙這忙那地事先去籌備。但很多時，這些充分的準備是徒然、無用的虛耗心力。

根本不必要做任何準備，事情也可以迎刃而解。

倘有截空同度，則曠廢時日的準備工夫，準會付諸流水，中途即被別事所耽擱。一切的事前張羅，便白白浪費了。

七殺必主一次或以上的打擊挫折，因此當破軍居事業宮，而又有空劫會合，則不宜投機，否則，一切努力會變成白費。

只要不投機，是則必經過一段艱危時期，因必會天府，故此，只要乘天府穩定的年月，便可以東山再起。

破軍居事業宮，主兼。即凡七殺守命者，其人處事手法往往是兼做其他工作。

在讀書時，有補習或兼學其他學科、運動，便是兼。

倘在大運，很多時是兼職，且往往兼職強而主職較弱，以致分身不暇。這也是七殺一曜多有勞心之性質由來。

破軍若與陀馬會合，會使七殺守命者變得盲目開創，以致浪費心力，徒勞無功。

破軍為殺破狼星系變化最巨大之星，開創力甚強。

事業宮為強宮，相較之下，七殺守命即較弱，代表魄力不足以濟事，以致有勞心力去做事，且付出心力多，但得來的回報必少。

此亦是七殺主刑剋自己的性質也。

⊙凡七殺星系守命者，其人田宅宮必為「機月同梁」星系，必對拱著巨門。

「機月同梁」星系居田宅宮，一般是主田宅變動不大，來來去去都是老樣子。

除非七殺守命者，在三方遇煞忌沖疊，田宅宮又有動蕩，其人才會變化較大。

也就是說，凡陰年生人，七殺星系守命者，其人多易動蕩和變化較大。

因為只有陰年生人的「機月同梁」星系及「殺破狼」星系必同時

受火鈴干擾之故。這時，昌曲、空劫的影響，便甚大了。

斗數中，昌曲和空劫在三方四正仿似永不互照，仿似互不影響。但其實，真的掌握安星訣者自會深切明白，在陰年生人時，昌曲、空劫、虛耗的交參影響，有極微妙而又互相牽連的作用。

雪濤僅略作洩露，有心研究斗數的讀者，可循此去自行摸索、推敲。

在推斷法中，只有兩個星系：「機月同梁」和「殺破狼」。兩者互相影響，構成直接或間接起跌無常的人生圖像。

七殺為刑剋之星，巨門為是非之垣，因此，七殺之所以帶來麻煩是非，往往是由於田宅宮的「機月同梁」星系，巨門之是非性加強之故。

「機月同梁」居田宅宮最怕天馬、羊刃及陀羅，會之，便會變得勞心勞慮，暗鬥不息。

若遇巳亥二宮的紫殺、子午二宮的七殺獨坐，及辰戌二宮的七殺獨坐為命宮者，以上六個組合的田宅宮均無主星，要借對宮來安星，這種情況多主七殺星守命者沒有立腳根基、四海飄流，或一年半載就需要轉換工作環境者為多。

「機月同梁」甚畏煞忌，流年遇昌曲化忌，均主盜賊失竊或受水漬污染田宅，宜加以注意之。

⊙凡七殺星系守命者，其人福德宮必爲「府相殺破狼」星系，必對拱著貪狼。

七殺為孤寡刑剋之星，其福德宮一遇祿，便必會猶疑、多慮。以見祿存時，性質最為矛盾。

反而會武曲、廉貞化祿，才主有理想、有理智去切實執行，且容易成功。也是七殺星系最喜會上的吉化。

「殺破狼」主開創，所謂開創即去舊、取新，具有改革去舊的性質，因此，會否費力去開創，抑或開創為盲目的追求，便十分重要。

由於七殺必主一次或以上的打擊與挫折。是以，若福德宮呈現安定，具享受性，便主其人現狀安定，不利於開創。

若其人福德宮具勞心力而又穩定，理智的性質，便主可以開創，成功在望。

若其人福德宮具勞心力而又不穩定，難以捉摸的話，便只宜以專門技藝起家，不能有重大的開創。

但現在社會，卻又可憑創作才華而起家，即以設計、廣告、表演事業來進財。

受對拱貪狼拼搏、以小搏大的性質影響，七殺星守命者，往往會受他人唆使、引導之下，衝動地以小搏大，成敗往往只差一線。

在推斷時，尤要注意其人往後數年的福德宮來參斷。

◉凡七殺星系守命者，其人父母宮必爲「機月同梁」星系，且必對拱著太陰。

相比較於七殺星系，「機月同梁」星系便成了弱宮。

即表示七殺星系守命者之父母、長上輩會較難去駕馭七殺。其人的行為，往往會帶挑釁的意味。

七殺星系守命，若與祿存同度或會合，其人多會受到長上輩、父母或上司等人的溺愛和保護。

不論男女，很容易變成「嬌生慣養」，不懂得去遷就別人。

七殺與祿存同度是受到溺愛，跟七殺會合魁鉞，得貴人提拔和扶持的性質大有不同。

溺愛是沒有提拔的意味，反而有令七殺更傾向消磨和蹉跎歲月。

而七殺與魁鉞同度，則會有嚴格審定然後提拔而受惠的性質。兩者性質，完全不同也。

七殺爲刑剋自己之星，有自己與人分隔、遺世獨立之意義。故此，倘如自身命宮會火鈴，決主與六親感情冷淡。

如屬陰年生人，火鈴會入七殺命宮，極容易在童年第一、二個運，便會有刑剋父母之應。故宜與父母分開居住。

七殺星系守命者，父母宮為「機月同梁」星系，其人多不能繼承父母的事業。

七殺為必經一次或以上的打擊，為探子、為戰將，在在說明其人與父母的處事手法很不一致。

倘如要七殺星守命者繼承家庭事業，則其人之家庭事業，往往敗於七殺星系守命者的手中。

因其人在安星規律上，已有刑剋自己、刑剋六親至親之應。只宜以專業知識或專門技能來謀生。

小結

綜觀七殺星系守命者，因安星之排列，以致有刑剋自己與周遭的人不協調。僅夫妻宮的天相星系，最能使七殺的生涯穩定。

門人智謙曾專事研究七殺星系的種種，對此別有心得。從中發覺：「逢七殺星系守命，而夫妻之間能關係和好者，其配偶多數為天同星系守命」，這個比率，頗多。

這個發現，很值得記存下來，讀者不妨加以檢視統計之。

紫微斗數是不斷改良和趨向更精確的術數，只有通過大量的徵驗和統計分析，才能有更多新的發展，更能適應複雜多變的現代社會。

由於七殺本身是殺破狼之星系，故不喜文曜會合，以免不良不莠。

亦由於已具刑剋、剛強的性質，故此不宜再會照孤辰、寡宿、天刑等孤剋之星曜。

古人認為七殺守命，宜離開出生地發展。這個說法，仍須參照其人遷移宮是「財陰夾」抑或是「刑忌夾」，以作決定。

七殺本身是戰將，為行動取勝之星，故宜會速度快的星。如天馬會入，則行動快捷，但七殺天馬同度，則成浪蕩，分別細微，宜細加思量。

在寅申二宮天馬同度，必為陽年生人，表示人生事業、感情變化較無常。

在巳亥二宮七殺天馬同度，必為陰年生人，其人六親緣份較為疏離。此為一般通則。

注意化權之星曜會合，尤喜三台八座這類主地位之星，七殺會之，往往即主開運。在大運或流年的推斷，尤須注意之。

破軍十二宮宮次圖

太陰 巳	貪狼 午	天同 巨門 未	武曲 天相 申
天府 廉貞 辰	一 破軍在寅		太陽 天梁 酉
卯			七殺 戌
破軍 寅	丑	紫微 子	天機 亥

廉貞 貪狼 巳	巨門 午	天相 未	天同 天梁 申
太陰 辰	二 破軍在丑		武曲 七殺 酉
天府 卯			太陽 戌
寅	紫微 破軍 丑	天機 子	亥

巨門 巳	廉貞 天相 午	天梁 未	七殺 申
貪狼 辰	三 破軍在子		天同 酉
太陰 卯			武曲 戌
紫微 天府 寅	天機 丑	破軍 子	太陽 亥

天相 巳	天梁 午	廉貞 七殺 未	申
巨門 辰	四 破軍在亥		酉
紫微 貪狼 卯			天同 戌
天機 太陰 寅	天府 丑	太陽 子	武曲 破軍 亥

天梁 巳	七殺 午	未	廉貞 申
紫微 天相 辰	五 破軍在戌		酉
天機 巨門 卯			破軍 戌
貪狼 寅	太陰 太陽 丑	武曲 天府 子	天同 亥

紫微 七殺 巳	午	未	申
天梁 天機 辰	六 破軍在酉		破軍 廉貞 酉
天相 卯			戌
太陽 巨門 寅	貪狼 武曲 丑	太陰 天同 子	天府 亥

七

天機 巳	紫微 午	未	破軍 申
七殺 辰	破軍在申		酉
太陽 天梁 卯			天府 廉貞 戌
武曲 天相 寅	天同 巨門 丑	貪狼 子	太陰 亥

八

巳	天機 午	破軍 紫微 未	申
太陽 辰	破軍在未		天府 酉
武曲 七殺 卯			太陰 戌
天同 天梁 寅	天相 丑	巨門 子	廉貞 貪狼 亥

九

太陽 巳	破軍 午	天機 未	天府 紫微 申
武曲 辰	破軍在午		太陰 酉
天同 卯			貪狼 戌
七殺 寅	天梁 丑	廉貞 天相 子	巨門 亥

十

破軍 武曲 巳	太陽 午	天府 未	天機 太陰 申
天同 辰	破軍在巳		貪狼 紫微 酉
卯			巨門 戌
寅	廉貞 七殺 丑	天梁 子	天相 亥

十一

天同 巳	天府 武曲 午	太陰 太陽 未	貪狼 申
破軍 辰	破軍在辰		天機 巨門 酉
卯			天相 紫微 戌
廉貞 寅	丑	七殺 子	天梁 亥

十二

天府 巳	太陰 天同 午	貪狼 武曲 未	太陽 巨門 申
辰	破軍在卯		天相 酉
破軍 廉貞 卯			天梁 天機 戌
寅	丑	子	七殺 紫微 亥

十四、破軍

星情詳義

破軍為斗數中的先鋒大將，為北斗第七星，五行屬水，化氣為耗。主禍福，司夫妻、子女、友僕。

此星爲耗星，即勞師動眾、全力以赴，以致平白浪費不必要的氣力。因此，稱之為耗。

由於破軍是先鋒大將，以寓此星是統領一大隊人馬去衝鋒殺敵。因此，破軍一曜便具有勇敢前衝去開創，不擅於退，亦不擅於守。

開創力强，是此星最大的特色。

破舊立新，身體力行的全力以赴，是破軍最明顯的特性，為追求理想，為達成目的，即使付出心力極多，也在所不惜。

殺破狼三星，是斗數中「**貪嗔癡**」三毒的代表。

七殺將星，是權力的代表，即是「**嗔心**」。

破軍先鋒，是理想的代表，即是「**癡心**」。

貪狼桃花，是情慾的代表，即是「**貪心**」。

破軍守命「**性剛寡合，背厚眉寬，棄祖發福，且好搏禽捕獵**。」——《紫微斗數全書》所說的亦非全屬實情。

是不是性剛寡合，還得看其人的**福德宮**如何，才可定奪。

其實，破軍亦非一定乖張、剛烈。

倘遇昌曲，反使破軍星系守命者舉止溫文儒雅，性格沉吟，優柔寡斷。增強了破軍文不文、武不武的矛盾，變成多為人作嫁衣裳之性質。

每每主動開創了一個地盤，卻未嘗乘時安定下來，便走去開創另一個新的事物，以致身心俱疲，一生難得安閒下來，去坐享其成。

古書說「破軍昌曲同宮，一生貧士」，即指此。

凡事都悉力以赴，勢必去盡，以致不懂得何時停止，往往因此而招惹挫敗和痲煩。

「動非其時」，是破軍一般的通病。

破軍必與天相對拱，天相是「財蔭夾」抑或「刑忌夾」，對破軍的影響甚大，也是決定破軍是穩定抑或是波動，是理智抑或盲目等，甚有關係。

天相相夾的巨門、天梁，若得乘旺的太陽沖射，則天相可視為穩定和硬朗，這對天相及破軍，均有穩定的幫助。

若天相相夾的巨門與天梁，是受失地的太陽照會，則天相勢必帶刑忌，如是，破軍亦必帶刑忌色彩，是以人生的起迭、動蕩便較劇烈得多。以致有冷漠、無情的遭遇了。

破軍一曜，為無情無義的開創，**入六親宮垣，皆易生睽違、決裂和反叛的色彩**，不以吉論。

會有刑忌交侵，便是破壞多而無力去建設。即破壞有餘而建設不足。將這個意義引申出來，便是叛逆和攻擊性都甚重。

會昌曲或空曜，破軍更難以捉摸，亦正亦邪，既主動也被動。

昌曲與空曜對殺破狼星系及天相皆有所影響，從而也令破軍一曜的星情，更難掌握。

前賢論破軍，說「破軍一曜性難明」即指此。

甚至，破軍一曜臨命宮，其人面目、高矮亦不盡相同。

共通點：是創造力、魄力、改革性都較強，做事充滿衝動、狂野和不受控。

破軍，為兑卦，有如肅殺、秋高氣爽或變化莫測的秋涼天氣般。

倘加遇空劫，其人處事便會不行正道、枉顧道義。

即使大運有空劫破軍，其人行事亦多帶點乖離、浪蕩和江湖行走的意味。

破軍天馬，加強破軍反叛、不受控的性質。亦可能破壞福德宮的天府穩定性。

以破軍守命，天府必在其福德宮，而天馬在對宮對沖，為最大破壞性。

換言之，即破軍在寅申巳亥時，受天馬的影響最大。每主人生更呈不安定、意志卑薄，流為不務正業，男浪蕩、女桃花。

會天姚天馬，尤確。

破軍最喜見化祿，福德宮的天府則最喜見祿存。尤喜破軍自身化祿。

破軍、七殺、貪狼必在三方會合。當破軍化祿，則必會貪狼化忌。

貪狼化忌的具體意義，爲奪愛、失意、品味卑劣等，卻由於開創所得的好處必大於實際所失，是以往往可彌補貪狼化忌的缺點。

破軍不見祿，已主開創，且亦全力以赴。

破軍化祿，尤主更全力以赴，更有兼行兼業、兼職兼差的同時處理許多事務性質。

即使是少年運，也必兼讀、兼職或一心二用──即貪玩，也好讀書。

也就是說破軍化祿，可緩和破軍之消耗，增加征伐討戰的開創能力。

在《紫微斗數全書》中云：「主人暴兇狡詐，其性奸猾，與人寡合。動輒損人，不成人之善，善助人之惡。視六親如寇仇，處骨肉無仁義。」形容似乎過惡不實。但倘如破軍遇煞忌，加其人福德的天府不見祿，反見天姚、陰煞等，則確有此傾向，絕非一偏之論也。

《紫微斗數全書》中有數則啞謎：「**逢天府則作奸僞，會天機則鼠竊狗盜。**」「**此星居紫微，則失威權。**」

當破軍與紫微同度，或破軍行紫微流年或大運，均主在安定的環境中，胡亂去開創，以致有失身分，故為失威權。

破軍不可能與天府同度，凡破軍守命，則天府必為其人之福德宮。若見天府破格，則破軍為作奸偽、無道義之人矣。

破軍必與天機爲六合關係。

即天機必在其人父母宮、田宅宮、交友宮、疾厄宮、子女宮或兄弟宮。

天機為變動、立場不一致，遇煞星即為浮滑。

故此天機遇煞忌在兄弟、交友、子女、父母宮等，則破軍守命者便大有可能成為助紂為虐的人，故說會天機，則鼠竊狗盜。

事實上，如天機穩定，則破軍絕無此性質也。

破軍亦不喜羊陀沖臨，古人認為是「主有殘疾」。

甚至說：「破軍羊陀官祿位，到處乞求。」此為一偏之論，但必多是非、掙扎卻也是事實。

破軍與祿存同度，有孤立之應，亦容易造成盲目的衝動。

會火貪，也是最容易暴發暴敗。

必須在暴發之後，立即轉向新事業去開創，才可以有機會持盈保泰。

急流勇退，立即抽身而起，是破軍會火貪必須要注意之事。

倘遇羊陀迭併，其人的開創和偏激，必更熾熱而且盲目。

如會化權、天刑之類的剛霸之星，破軍更會變得無視他人的死活，為求目的，不擇手段。

破軍怕羊權，正屬此意。

◉凡破軍星系守命者，其人兄弟宮必為「機月同梁」星系，對拱必為巨門。

破軍為對外開創甚強的星曜，而「機月同梁」卻較為因循、守舊，開創性不夠。且會上巨門的暗蔽性質，與破軍主動開創的衝鋒陷陣性質不契，常主暗生是非和背後中傷。

因循、守舊，即是變化不會很大，也是毫無特色、了無重大改變的意義。

將這意義引申，便是說破軍守命者，與朋友的關係不會有重大的改變。

童年時朋友的關係怎樣，日後亦必如是的變化。「已有之事，後必有之。」

在釐定破軍星系守命者，這個「定盤」階段，便甚有意義了。破軍的改變，是毫不戀棧、全力以赴的改變，而其人的兄弟宮卻是不會如何大變的性質。

即表示不論朋友的範圍如何改變，其人與友人的交往關係，亦不會有太大的不同。

要是破軍星系守命，兄弟宮有蜚廉或指背，主多遭友人出賣、蜚短流長。

其人縱使重新去結識新的朋友圈子，結果亦如是，必會多遇賣友求榮，或背生是非之人。

機月同梁星系居兄弟宮，若有吉化或有輔助諸曜，亦僅主好友的成就較大，不代表破軍守命者可以結交到好朋友。

亦不代表可以有共患難之生死友好。即使只是交入破軍運，此意義仍然存在。

會照的巨門若更有鈴、陀、陰煞之星會合，破軍星系守命者以不與人長期合作為佳，一旦長期合作，其合作夥伴甚易涉及陰私自肥，或因之而惹禍。宜注意趨避。

◉凡破軍星系守命，其人夫妻宮必為武曲、紫微、廉貞等三星，或無主星，對拱必爲貪狼。

武曲一星為寡宿，當破軍星系守命時，其夫妻宮若為武曲星系，不必更會孤刑之星，亦主「妻奪夫權」，嫌其妻有欺壓丈夫，或奪去丈夫光芒，以致失去夫綱之應。

紫微為帝君，「以我為尊」，萬事皆以此宮為主為首。故必為「有異性，無人性。」

不一定是受配偶欺凌，或必以滿足配偶所需為首要任務。

破軍為軍中的先鋒大將，主開創。而夫妻宮卻是全局的帝星，因必會合的武曲、廉貞比自已更具控制力，是以變成自身為夫妻所控制的棋子。

每行一著，都必以配偶、親密的異性要求，為第一要緊之事。

廉貞星系居於破軍星系的夫妻宮，卻是自身最動蕩的辰戌宮，且無法化解命宮的多端起落，故如身陷羅網中。

而廉貞的次桃花，只能給予精神上的支持，卻甚少實質有力的支持。

故反為增添幾分精神上的壓迫。

如破軍星系守命，夫妻宮無主星，須借對宮（廉貪、紫貪、武貪）等星來安宮，已主感情若有若無，有空虛不實、變化難測之感。倘會火鈴，必為始熱終冷。如會上桃花諸曜，則主其人婚前、婚後皆易有感情上的紛擾。

由是觀察和理解，破軍星系的破蕩開創性，引申於夫妻宮來兼察，便是多變化。

不是因自身事業忙累，無暇兼顧配偶而致冷淡，便是感情產生「兼愛」的變動。始終是一種缺點。

受對拱貪狼漸變的影響，連帶夫妻感情的變化，必有「兼」的性質，且有漸漸變化的傾向。

由盛至衰，由熱至冷，往往其中的變化，連當事人自己也覺察不到。這種徵應，在大運與流年亦有如是克應。

◉凡破軍星系守命者，其人子女宮必爲「機月同梁」星系，且必對拱著太陰。

破軍擅於開創，以雷霆萬鈞之勢全力以赴，相比較之下，其人的子女、門生弟子或下屬，便明顯地因循、守舊和規行矩步得多了。

無論「機月同梁」如何多會吉星，只要會合的太陰失地落陷，決主其人子女雖多，或才情較特出，卻嫌欠缺獨立自主的能力。

依賴性強，是其缺點。

且機月同粱居子女宮甚為畏煞，稍會煞忌，便有虛空、耗散、不夠堅毅的特質，宜在後天人事上好好栽培、扶植。

一般而言「機月同粱」喜會科星文曜，尤其天才、龍池鳳閣，見之，決主子女才華獨特，確有多方面的才華，可予以專注發展。

最不利即為陀羅，虛耗之星，常主子女因循、推搪，凡事諸多藉口，不容易培育成材。

亦不喜見祿存，主器小易盈，且亦容易成為制肘破軍一曜的來源宮垣。

據雪濤徵應，**凡破軍星系守命，其祿存所在之宮垣，即爲其動力開展之源**。這個徵應，甚準。即使是大運流年，亦同義。

祿存，即為利益、固執的信念、其人認為的好處，奮鬥的目標……等。有細水長流，不易改變的意思。

當祿存與破軍同度為命宮，其人的開創僅為一己的決定和私利為重，為此目的，可不顧全道義、親情等。

當祿存居兄弟，而命宮為破軍星系時，則主開創力往往是來自合作夥伴的協調。

只要合作夥伴穩定，或因夥伴要求或唆使，破軍便會因此而全力以赴。即使有時是被人利用，亦未必會有所察覺。

當祿存居子女宮，而命宮為破軍星系時，主其人會奮不顧身地為子女的安穩，而盡耗心力，且會有受制於子女的傾向。

⊙凡破軍星系守命者，其人財帛宮必爲「七殺」星系。

破軍為先鋒大將，即自己的命運起跌是暴起暴落的，且耗力十足地去開創。

而財帛宮是運用金錢的能力和運用錢財的形式。

當七殺探子居財帛宮時，便甚有孤剋自守的意味。

主破軍守命者，對財帛多有點孤剋別人、自利自肥的性質。

七殺為謹慎得有點猶疑的星，且要破軍用許多自己的私錢去做消耗，便會極之猶疑，且顧慮甚多。

破軍守命者寧願身體力行去開創，多半不會自掏錢包去享受。

除非經過審量，認為是物超所值或與愛侶同往，才會不去計較。

七殺本身帶孤刑性質，也代表破軍星系守命者的用錢形式，不喜歡受人支配和影響的。

會煞忌，更主欠債和「左手來，右手去」，錢無分毫！其進財宜以專業知識為佳。

且七殺必主一次或以上的挫折，較不利更會空劫，很可能在大運內遇煞忌，便是十年浩劫般的一沉難起，甚難有東山復起之時。

因此，破軍守命者最不適宜炒股票、外匯。

七殺亦為人緣不足之星，財帛宮若有七殺星系坐守，固然在運用金錢上不受他人勸告，甚至想要求別人借貸亦不容易。

除非破軍星系守命者的命宮或兄弟宮有左右會合，才可減輕其刑剋性。

七殺無化祿化權化科，其實便等如化忌。此星化氣為權，孤忌性質甚重。

在大運的推斷時，要另加注意是否有孤忌之星會合，以加強財帛孤忌、冷淡、無生旺的性質。

◉凡破軍星系守命者，其人疾厄宮必爲「天梁」星系坐守。

破軍五行屬水，疾厄宮的天梁屬土，已有土剋水之應，水即為虛耗，故多主虛耗、陰損之類的疾病為多。

凡看疾厄宮，必須以其人命宮之星情，兼察疾厄宮的星情來取捨推斷。

天梁居疾厄宮，基本意義為蔭。蔭在疾厄宮，即主病少或病況不重。

即使遇煞遇忌，亦大有機會轉危為安。這個性質，即使是大運或流年，亦有同樣意義。

惟若煞忌刑重疊，則反成危症，或致死亡。此即最大的蔭護，即為生命告終——死亡是也。

倘會祿星，不論化祿抑或祿存，俱有糾纏、反覆，不斷修好和變化的性質。

會天壽，主轉危爲安，或變為長時間治療之疾患。必須兼視福德宮，以察其人之意志力和精神享受方面來推斷吉凶。

天梁為內分泌疾患之星，多與膽、胃有關。

天梁天機的組合，則又可以發展為手指足趾尖的神經線毛病。見煞，如羊刃又有流忌沖入，流日可能是被紙割損手指之類的小事。

天梁空劫天馬，則多為手足麻痺、風濕骨膜炎之類的酸痛。

天梁天馬火星，則為時疫。天梁鈴星天馬，則又可能是中風之徵，必須兼視流年來作趨避。

天梁天同的組合，可發展為骨質方面的毛病，輕則為骨刺，重則為白血球變異、骨癌之類。

天梁太陽的組合，可發展為心絞痛、腦疾等。必須另詳輔助諸曜來協助推斷。

⊙凡破軍星系守命者，其人遷移宮必爲「天相」星系。

殺破狼乃主動興革和變化劇烈的組合，生逢亂世，殺破狼的興創機會甚多。

但在盛世中，則較易招致暴起暴跌，且亦不會引來多大的迴響和受人重視。

相較之下，其遷移宮的天相便會顯得較為被動和穩定了。

一般而言，多主吉利，是以古書中屢言「**七殺、破軍宜出外**」，便是這個意思。

是否適合出門往外地發展，還須視天相在遷移宮是否穩定。

刑忌夾、雙忌夾、火鈴夾等，俱為不穩定。

財蔭夾、會祿，俱主安定，可在平穩的局面上，逐步穩健發展。

羊陀夾，則不為吉論。因必為天梁與擎羊同宮，而陀羅又必與巨門同度。

天梁擎羊，則孤剋、挑剔之意味加強，巨門陀羅，則暗損、排擠、拖累的色彩亦加強。

因此天相與祿存同度，便一定會變成受人排擠、挑剔，而致身陷孤立無援之境。

這情形，更可能招致一連串的打擊挫折和禍不單行。

必須天相穩定，破軍星系守命者才適宜往外地謀生。如本命會天馬，遷移宮不會天馬，則命運會變得較為安定，亦適合遷移。倘天相更會祿星、天魁天鉞等，更主在外近貴。可得友人之提攜而興創事業。

天相為印綬，視相夾之宮垣來表現出實際產生的環境。因此，必須正視天相相夾的宮垣，才可推知破軍星系守命之遷移徵應。

天相相夾言吉的情況，共有六種——

財蔭夾、魁鉞夾、左右夾、昌曲夾、雙祿夾、祿權夾等。

坊間有書說：「日月夾天相，主可在外得利。」乃不熟安星訣之謬論，可以不理也。

財蔭夾，乃指在平穩的局面下，穩步發展。

魁鉞夾，乃借助一次機緣下，經人借力或提擢而致成功。

左右夾，乃指在友儕協助下，以合作、合夥的形式而致成功。

昌曲夾，乃指自己去發掘、爭取，而順遂地達致成功。以昌曲乃是「自力」之星的緣故。

祿權夾，即武相受陽梁及同巨所夾，在辛干的生年、大運時出現。即得安定及權勢去發展事業。

只是太陽化權的緣故，是以僅主權勢，不主權力。

但如機巨在乙干夾紫相，則為權力矣。

雙祿夾，即祿存或化祿相夾天相，即安定來自左右環境的變化，而間接受惠。

大致上，破軍守命**在出生地**，其人做事會較主動，會帶點自私、無情義。

離開出生地往外地發展，其人會變得較為孤立無援，且以被動為多。

◉凡破軍星系守命者，其人交友宮必爲「巨門」星系。

巨門為惡曜，巨門交人始善終惡，在六親宮垣俱作不吉。在交友宮，亦復如是。

巨門為暗曜，有喜好遮蔽其他星曜光芒的傾向。惟會上入廟的太陽，可解巨門之暗。在實際的人事上，如何去演繹呢？

即行使太陽的付出與施予，在對人對事，以仁慈、仁愛和包容別人的心，去給予熱誠、積極來提供義務的服務。務要做善事般，令人感到真誠對待，這便是巨門居交友宮，卻可行使「太陽法」來使之減輕是非困擾的方法。

紫微斗數以星系會合的掌握為最高的境界，又以星情的理解，似易而實難，必須要多作實踐，多作論命，才可以真正的掌握星情。

想要紫微斗數的推斷進步，就必須多作實踐。光看紫微斗數的著作，是不會有太大幫助的。此乃雪濤的經驗之言，諸位宜加以注意焉。

巨門怕煞忌，主受人欺淩、拖累，尤以鈴星、巨門，對破軍星系的傷害最大，往往使當事人不僅傷心透盡，更甚的，促使破軍星系守命者終生引以為憾。至於是甚麼性質，則必須另詳輔助諸雜曜等以協助推算。

⊙凡破軍星系守命者，其人事業宮必爲「貪狼」星系。

殺破狼居事業宮、命宮或財帛宮，俱有不同的克應。必須清楚每星的星曜性質，才可以對這些星曜的喜忌，掌握得更清楚。

貪狼是桃花正曜，代表酒色財氣，執念甚重，但其人的表現，卻又顯出不是那麼執著，即有「口是心非」的傾向。會昌曲，這個性質更強烈。

不見文星，貪狼的執念會頗明顯，而且處事的方法全傾向於實際利益，較為現實。

此星有多才多藝的意義，但行事卻喜帶神秘色彩。做事手法亦無常規和定法，有不耐煩和急進的傾向。

由於貪狼是桃花的正星，宜以高消費、享受性的行業為宜，並由交際或接觸客户為主的行業，較佳。尤利於出門會客者，尤確。

貪狼為肉，廉貞為血，主其人與飲食品味有關，故宜飲食業。

成火貪或鈴貪，須注意有暴起暴落的性質，大有由此發財，亦由此而破財，是以必須注意如何儘快改頭換面，以作趨避。

◉凡破軍星系守命者，其人田宅宮必爲太陰星系。

太陰主藏，內貯藏、含蓄，卻又變化多端，為內在感情敏鋭之星。

由是引申，即其人田宅之變化，往往內裡的人事鬥爭是傾向暗爭、暗鬥為主。

太陰喜昌曲，破軍卻甚畏昌曲。

太陰不甚畏空劫，破軍卻甚畏空劫。

昌曲與空劫卻是永不會照，然而卻又構成獨特的星系秘密。不熟悉安星之秘，往往便會有所忽略，在推斷命運時亦會失準了。

如破軍會昌曲，即加強武將用文，必致虛詐百出，其間吉凶變化，便較難捉摸。

原因亦由於其人田宅宮的太陰星系，必受**空劫**影響之故。

如破軍會空劫，已主其人起跌加劇，因為空劫必破壞破軍對拱之天相星系的穩定性。

且亦可知其人的田宅宮太陰必會合了**昌曲**。而昌曲卻有加強文氣、文才方面的發揮。

是以，若破軍空劫，其人傾向經營冷僻的行業，便成異路功名以榮身。

但如傾向於大門大路的生意行業，則田宅之昌曲便僅是踵事增華，毫無實利。甚至會變成經常改變行業而已。

太陰居田宅宮，必須兼視太陰是否入廟，才可知破軍的行動和開創性是穩定發展，抑或是命途坎坷多舛。

⊙凡破軍星系守命者，其人福德宮必爲「天府」星系。

天府為府庫、庫藏，善於謀略、籌劃的內才。而命宮的破軍命運，卻是起落甚大的「拋物線」圖式。形成命運的跌宕，與思想、內心世界有矛盾。

每見起跌無常的破軍星系守命者，其實只是想追求謹慎、繼承的生活而已。但可能處事手法、運用資源的能力，都比思想快和強，因此命運與思想不能達成一致。

破軍星系守命，其人思想矛盾。

倘如福德宮會天姚，則其人命宮的破軍便會變得盲目無制，過份的虛耗心力去謀取利益或貪婪競取，挫敗亦必隨之而產生。

倘如福德宮見空劫來破壞天府的穩定性，則田宅宮的昌曲，便只會變成表面風光，不實在、不充實，或徒有其名之類的空殼公司而已。

天府得祿，然後破軍的信心始得加強，不致盲目、衝動。可使其人的不理智衝動，變得冷靜下來。

不見祿的天府，即為空庫，破軍守命便會進退失常，容易前後矛盾，以致失去先機而致失敗抱憾。

尤喜天府會得化祿，則破軍才可以得到源源不絕的實力資源，可以全力爭取而達致成功。

破軍、天府、天相等星會上地空或地劫，其人必定在想像不到的情況下，有重大改變。即使是大運，亦復如是。

⊙凡破軍星系守命，其人父母宮必爲「機月同梁」星系，必對拱著天梁。

「機月同梁」星系居六親宮垣，均主長上輩甚少有重大改革，亦嫌野心和冒險性不足。

破軍的反叛性甚重，厥因便是來自其父母宮的管治能力有所不足。

若是破軍得會輔助星曜的數目越多，越能顯示破軍星系自身的成長、與變也較巨。卻也是反映出其長上輩的控制、支配能力等，有所不足矣。

因此，破軍星系守命者，大多會嫌棄自己的長輩、上司和父母。自己的成就越大，其人越會冷淡對待其父母、上司等。因此，名之為無情無義。

事實上，依破軍星系的組合視之，即知此乃上天注定的安排了。

機月同梁甚畏煞。

會上火、鈴、羊、陀等，均有不同之影響，倘流年更遇上羊陀天馬等，其變化更多端，必須在流年來作推詳了。

小結

破軍是斗數中最急劇變化的星。

會煞、遇忌，固然會增加破軍一曜的動蕩性。即使會上天馬、空曜，亦會使破軍的跌宕、起落更為劇烈，易有人生如幻之感。

這個性質，在大運、流年的推斷，尤須注意。

評定破軍之變化是破壞，抑開創，除了由大運、流年去追查，還要看破軍的星系是否穩定。

會祿、得祿的破軍為穩定，可視為開創，即使辛勞，仍可坐享其成。

成祿馬交馳的破軍，即使開創成功，但天馬卻會破壞對宮的天相之穩定，很容易變成戎馬倥傯，坐不安蓆地去形役開創。

若破軍是六親宮垣，則**見煞**即為無情義的變化。

得祿的破軍，其守六親宮垣時的反應，便是糾纏、變化，又有苦纏不休之象了。

破軍一曜，可由本質穩定，行經大運時，遇上煞星交侵時，而產生重大改變。因本質穩定，故變化多由主動生變而變。

但若本質無情的破軍，行經煞忌交侵的大運，則是盲目追求，而有身不由己的牽引，變化莫測，吉凶難辨了。

破軍亦畏昌曲，破軍昌曲，亦即貪狼見文曜，徒增滋擾和使桃花意味增強，會變得虛偽和才華不足。

這些，便是破軍一曜的重點，宜加以注意了。

推斷方法

推斷法則

如何推斷紫微斗數，正是學紫微斗數的目的。一張排列得秩序井然的斗數盤，對推斷命運極有幫助。雪濤習斗數多年，收錄名家的斗數批章和命盤不少，不少享有知名的名家，他們所排的斗數盤各有特色，惟亦有排佈得頗為混亂不清的命盤。如火星寫在右下角，鈴星則被寫在左上方，很不統一。單是尋星就已經令人眼花撩亂。因此，不管是什麼樣的斗數命盤，排星的位置最好是統一一些，否則在推算命盤時，很容易因錯看星曜而推錯命盤。

幸好，現在社會日趨進步，電腦排版已漸見普及。用電腦起盤，省去不少時間，但卻缺失少對理解安星規律的認識，這對掌握星情的深入程度很有影響。

第一步—校對生時

當拿起一個斗數盤時，首先要覆檢其人的出生年月日時是否正確。包括陰曆與陽曆的核照、對方的出生年月有否夏令、冬令或日光時間。馬來西亞曾一度將當地時間變得加減不一，頗為混亂，在起盤時必須留意之。

出生地不一，在紫微斗數來說亦會對生時有所改變，宜折算成正確的**中原時間**來起盤。因為紫微斗數是中國的術數，故在**起盤**時須以中國計算的年月日時方式作為準憑。至於日後在不同的時差地區活動，則須以當時的年月日時為推斷。

簡言之，不論任何地方的出生者，必須將出生的年月日時折合為中原時間作為起盤論命。「不準，但用三時斷。」將命盤推定，始可論命。

至於日後往他處出門旅遊、公幹、移民等，在推算時，即以進入該境後，便以當地計算的年月日時為推斷。

出門後變換宮位爲推斷

一旦進入別國，父母宮、田宅宮之類的剋應性質便立時改變。因為當地的政治體制與民生的素質不同，故此推斷命運便要作出調整。

例如居於上水區的市民，乘車去深圳地區只須三十分鐘車程。但一進入深圳區，即須以**遷移宮**之吉凶為主。又以遷移宮變成命宮來看，原來流年、流月、流日的推斷，亦以遷移宮作為命宮看待。而在流日的推斷，亦須以遷移宮作命宮，疾厄宮為父母宮、財帛宮為福德宮，依次再排十二宮推算。即將「命、父、福、田、事、友、遷、疾、財、子、妻、兄」重新由**遷移宮**輪排作推算。**流日的四化**，影響至為重要了。

推斷步驟

當拿起一張命盤，首先不要去看命宮是什麼星，亦不要看某一關注的宮垣，如女命多數會先看夫妻宮，男命多數會關注事業宮及財帛宮，這樣看並非正確有用的方法。

應該先尋凶星之分佈。即火星、鈴星、擎羊、陀羅、地空、地劫、化忌星的分佈位置。

如為陽年生人，因火鈴二星必在相夾或三方沖會的形式出現，故此，其人必受火鈴沖會或相夾的宮垣中遇上打擊和挫折。但不一定僅限於陽年陽運有麻煩，即在陰年陰運亦會遭遇麻煩與挫折！

如火鈴夾的宮位內之星曜，剛巧在大運或流年時化忌，稱之為

「火鈴夾忌」，便往往多生麻煩事端了。

換言之，火鈴夾或羊陀夾的宮垣內的星曜，就像埋下了一個地雷炸彈，遇上大運或流年的四化轉變為忌星時，就是出現麻煩的時候。

因此，「火鈴夾」、「火羊夾」、「羊陀夾」、「陀忌夾」、「火鈴併射」等等的宮垣，往往是斗數上的「**弱宮**」，值流曜加臨便是麻煩出現之時。是以，在論命時，第一步要做的就是找出這些「弱宮」出來。並且要留意這些「弱宮」最怕遇上什麼流曜與干化，當大運或流年時，這些弱宮若有煞曜或忌星加臨，就要小心作趨避了。

宮垣喜忌要記熟

紫微斗數的宮垣定義要清楚瞭解。

如兄弟宮比自己命宮**強盛**，在與人合作時，往往就會**受制**於人，自己的個人表現必然受到制肘。

如兄弟宮刑忌性質甚重，在與人合作時，可能會出現遇人不淑之情況，因此必須在大運及流年時作適當的選擇作趨避。

如兄弟宮有左輔右弼之類主助力之星曜坐守，其人便適宜與人合作去經營，因為來自合作夥伴的助力甚為興旺、有力之故。

以上即為一般的通則。

人生是起落與順逆交參的曲折藍圖。宮垣的喜忌有原局的本質，但在不同的環境下，吉可變凶，同理，凶亦可反變為吉。

所謂不同的環境，甚多，包括政治、潮流、教育、思想、人事、健康等等的改變，亦足以使一些原來良好的因素，變為凶禍的因素。

相學中有「時態」的相法，亦有「恒態」的相法。氣色的徵兆，更是剎那變幻，隨心念變化而呈現於面上。

複雜的人生，正好有十二宮的不同性質去表現出這些複雜多變的現實。在推斷斗數時，這些宮垣喜忌的概念一定要了然於心。

打破十二宮

「本對合鄰定重輕」，其實就是斗數的推斷技巧。也是依十干四化、流曜的發動，去看「本宮」、「對拱」、「六合」、「三合」、「鄰宮」等等的吉凶性質，互作比較來推算。方法甚簡，但變化卻是極繁。雪濤將另撰專書論及推斷法，敬希留意。

後記

《紫微明鏡》「內篇」乃《紫微闡微錄》系列中一部闡釋星系學理的專書。在撰寫期間，得到衆門人的熱衷支持，並在後期校對時提供不少的襄助，雪濤實感動不已。

《紫微明鏡》「內篇」的副題為「更上一層樓」，即在「外篇」的基礎上，有更深縱的發揮和啟導，這對有志於研究十四正曜的星情，與及星系之間的互相牽連之邏輯推理，頗具指導之功。前人對此的撰寫不少，體系的概念未臻完善，雪濤在撰寫《紫微明鏡》的「外篇」、「內篇」時，已竭力將星系的微妙義理盡情涵蓋。文字間亦隱含推斷法則，細心的讀者當能從中得到啟發。

最後僅對多年來支持雪濤的讀者，表示真誠的謝意，並對曾為此書提供幫助的好友徒弟，表示衷心感謝！

癸未夏陳雪濤後記於旅次台北飛機內

陳雪濤作品

1. 天機妙訣　聚賢館出版
2. 星運佈局　聚賢館出版
3. 安星訣與星情秘法　鼎大圖書公司
4. 夫妻宮秘傳真訣　武陵出版社
5. 陽宅心要─天元五歌　武陵出版社
6. 山居手記　武陵出版社
7. 課堂講記　武陵出版社
8. 紫微明鏡《外篇》　武陵出版社
9. 紫微明鏡《內篇》上、下　武陵出版社

郵購書目	港幣定價	港澳地區郵購另加	海外各地郵購另加
10. 玄空風水講義	$1000	$120	$180
11. 陽宅宅斷真傳	$1000	$120	$180
12. 青囊四書	$2000	$250	$300
13. 飛星賦秘授解	$1000	$120	$180
14. 福德宮秘傳真訣	$1000	$120	$180
☆郵購系列10至14項已售罄，暫不再出售，僅此致謝。			
15. 紫微斗數起星光碟	$500	$80	$120
（可印天地人盤，內有基本術數講義）			
16. 三元九運起星光碟	$500	$80	$120
（可起兼線及各運之飛星圖，內有風水入門講義）			

郵購以上書籍或產品，請以銀行本票或匯票劃付

FENG SHUI AND ZEWEI ASTROLOGY ASSOCIATION

16A GOLD KING MANSION, 7 TAI HANG DRIVE,

JARDINE'S LOOKOUT, HONG KONG

玄空斗數學會

香港渣甸山大坑徑七號高景大廈16A室 或

FENG SHUI AND ZEWEI ASTROLOGY ASSOCIATION

#P. O. BOX 868, 3517 KENNEDY ROAD, UNIT 2,

SCARBOROUGH, ONTARIO, CANADA

MIV 4Y3

聯絡地址及電話：

加拿大(416)4024219　　香港：(852)23450317
手提電話(852)91226412　　傳真：(852)25910852
詳情請瀏覽網址：http://www.zewei.com
E-mail：info@zewei.com

紫微斗數叢書

△紫微斗數十日通／陸在田
一書在手自學斗數十日通
平裝／32開／296頁／200元

△紫微斗數夫妻宮秘傳眞訣／陳雪濤
夫妻宮的各種組合及推斷心法
平裝／25開／360頁／450元

△紫微斗數流年速斷法／王士文
介紹簡潔的紫微流年斷法，掌握先機捷碼
平裝／25開／328頁／250元

△紫微斗數看投資策略／陸在田
掌握命運和投資致勝之道
平裝／25開／248頁／250元

△紫微斗數看偏財橫財運程／謝天詮
掌握命中偏財橫財運程，待機而富
平裝／25開／272頁／250元

△陸斌兆紫微斗數講義評註／陸在田
單星分述十二宮與組星評比
平裝／25開／512頁／450元

△紫微闡微錄之課堂講記／陳雪濤
廣泛釋術，各類玄學概有解惑
平裝／25開／316頁／450元

△斗數宣微／王栽珊
引申陳希夷舊說並訂正之，析明其奧理
平裝／25開／248頁／200元

△紫微斗數印證／潘子漁
見證斗數命理之眞理．簡單明析
平裝／25開／280頁／250元

△斗數乾坤〈考運篇〉／劉緯武
斗數賦文．活盤推演
平裝／25開／232頁／250元

△紫微斗數太微賦白話詳解／陳慧明
以淺顯易懂的白話文註解，並多方舉例補註
平裝／25開／256頁／220元

△斗數乾坤〈解盤篇〉／劉緯武
斗數賦文．活盤推演
平裝／25開／272頁／250元

紫微斗數叢書

△斗數直徑／楊雲翔
學習斗數致用之最捷途徑
平裝／25開／224頁／150元

△開館人紫微斗數 1 ／方外人
斗數高人廿年論命心得大披露
平裝／25開／480頁／280元

△開館人紫微斗數 2 ／方外人
斗數高人廿年論命心得大披露
平裝／25開／472頁／280元

△紫微隨筆 元集 ／鐘義明
破解斗數疑難・闡發斗數眞義
平裝／25開／424頁／280元

△紫微隨筆 亨集 ／鐘義明
破譯斗數疑難・闡發斗數眞義
平裝／25開／496頁／300元

△紫微隨筆 利集 ／鐘義明
星盤分富貴窮通・運限判吉凶休咎
平裝／25開／456頁／300元

△紫微隨筆 貞集 ／鐘義明
星盤分富貴窮通・運限判吉凶休咎
平裝／25開／454頁／300元

△紫微眞言導引／陳啓詮
著重星情、格局、四化、大限、流年之運用
平裝／25開／264頁／200元

△道傳飛星紫微斗數入門／陳慧明
事業決策、財運掌握、官運陞遷
平裝／25開／240頁／220元

△紫微斗數流年秘斷／斗星居士
論斷運數預知前途
平裝／25開／296頁／200元

△紫微斗數看法要訣／林義章
論一時之得失，定一生之榮枯
平裝／25開／248頁／200元

△諸星問答論／陳慧明
讓你學得正確的觀念，在斷命時更得心應手
平裝／25開／264頁／200元

紫微斗數叢書

△**紫微斗數事業潛能分析／蔡正輝**
特質分析與調適方法
平裝／25開／232頁／250元

△**紫微斗數演繹／輔弼居士**
匠心獨運之星命學創作
平裝／25開／296頁／200元

△**高段紫微斗數／翰學居士**
流年分析斗數立論推命切中
平裝／25開／232頁／200元

△**初級紫微斗數／斗星居士**
研究斗數最佳入門指導書
平裝／25開／240頁／150元

△**紫微斗數精技傳授／乙德上人**
由淺入深內容豐富
平裝／25開／256頁[1]／160元

△**斗數特訣／謝豐達**
果老星宗與斗數十二宮研究
平裝／25開／184頁／180元

△**紫微斗數全書命例考釋／吳明修**
一○○餘條依起例法重新考釋
平裝／25開／432頁／250元

△**紫微斗數精奧／潘子漁**
推算一生富貴壽考婚姻事業
平裝／25開／304頁／280元

△**紫微斗數實例分析／潘子漁**
舉例解析斗數之眞妙義理
平裝／25開／384頁／280元

△**紫微斗數研究／潘子漁**
探討斗數之奧妙玄機
平裝／25開／368頁／280元

△**紫微斗數看病／潘子漁**
以斗數秘法偵察病理變化
平裝／25開／304頁／280元

△**紫微斗數看四化[1]／潘子漁**
四化論法與衆不同
平裝／25開／400頁／280元

紫微斗數叢書

國立中央圖書館出版品預行編目資料

紫微明鏡，內篇，更上一層樓／陳雪濤著.
--一版--臺北市：武陵，2003〔民92〕
冊；　公分
ISBN 957-35-[illegible](上冊：平裝)
ISBN 957-35-1236-X(下冊：平裝)

1.命書

293.1　　　　92012865

紫微明鏡〈內篇〉——更上一層樓（下）

著　　者　陳雪濤
發 行 人　林輝慶
出 版 者　武陵出版有限公司
社　　址　台北市新生南路三段十九巷十九號
電　　話　(02)23638329・23630730
傳真號碼　(02)23621183
郵撥帳號　0105063-5
E－mail　woolin@ms16.hinet.net
網　　址　http://www.woolin.com.tw
法律顧問　王昧爽律師
印 刷 者　名發美術印刷有限公司
裝 訂 者　忠信裝訂廠
登 記 證　局版臺業字第 1128 號
一版一刷　2003 年 8 月
定　　價　450 元
缺頁或裝訂錯誤可隨時更換

ISBN　957-35-1236-X